普通高等教育工业设计&产品设计专业“十三五”规划教材

西南大学出版社
SWUP 国家一级出版社 全国百佳图书出版单位

段胜峰 彭科星 芩华 编著

家居
产品设计

图书在版编目（CIP）数据

家居产品设计/段胜峰，彭科星，岑华编著．—重庆：西南师范大学出版社，2008.7（2023.7重印）
ISBN 978-7-5621-4135-8

I.家… II.①段…②彭…③岑… III.家具—设计—高等学校—教材 IV.TS664.01

中国版本图书馆CIP数据核字(2008)第089754号

普通高等教育工业设计&产品设计专业“十三五”规划教材
主编：余强 段胜峰

家居产品设计
JIAJU CHANPIN SHEJI
段胜峰 彭科星 岑华 编著

责任编辑：袁 理
整体设计：晏 莉 王正端

出版发行：西南大学出版社（原西南师范大学出版社）
地 址：重庆市北碚区天生路2号
本社网址：http：//www.xdcbs.com
网上书店：https：//xnsfdxcbs.tmall.com

排 版：重庆海阔特数码分色彩印有限公司
印 刷：重庆康豪彩印有限公司
幅面尺寸：210mm×285mm
印 张：7
字 数：224千字
版 次：2008年9月 第1版
印 次：2023年7月 第6次印刷
书 号：ISBN 978-7-5621-4135-8
定 价：56.00元

本书如有印装质量问题，请与我社市场营销部联系更换。
市场营销部电话：(023)68868624 68253705

西南大学出版社美术分社欢迎赐稿。
美术分社电话：(023)68254657 68254107

序

PREFACE

余强

工业设计是指在现代工业化生产条件下，运用科学技术与艺术方式进行产品设计的一种创造性方法。它是将技术、艺术与文化转化为生产力的核心环节，也是现代服务业的重要组成部分。由于工业设计对经济巨大的推动作用，以及它的创新思维、潜力巨大的高附加值和超越商业价值以外的文化特征，因此被许多发达国家上升到国策的高度来认识。20世纪初，欧洲国家就曾经出现过第一次工业设计资源的整合，以“德意志制造同盟”为标志，将技术资源与设计资源相结合，来共同解决德国工业产品的质量与设计问题，为现代德国工业的品牌优势奠定了重要基础。20世纪中期，以英国等国政府的设计公共政策为标志，再次将工业设计视为国策，实施行政资源与产业资源的第二次整合，有力地推进了欧洲工业的品牌战略和全球贸易战略。20世纪末，一些国家将社会资源与文化资源相结合，提出跨领域、跨行业的“文化创意产业”，是第三次设计资源整合。这几次设计资源的整合表明，在全球产业发展的进程中，工业设计产业的战略地位和作用日益凸显。

作为一个发展中国家，中国的工业设计仍是一门新兴的、亟待发展的学科。据不完全统计，国内有工业设计学科专业方向的艺术院校已达250所，各种主题的工业设计大赛与研讨会越来越频繁，国内外高新技术企业与高校的设计合作也迅速发展起来，这充分反映了时代发展对工业设计人才需求的增长和速度的加快。尽管中国工业设计教育的规模堪称世界第一，但我们尚未建立起具有中国特色的工业设计教育模式及各院校的特色模式。有鉴于此，不少设计院校也在教学思想、教学方法、课程设置、教材编写等方面进行了有益的探索和改革：从过去单一的技法和造型训练，转向掌握系统设计思维方法的训练；从只关注美感和设计语义的形态研究转向对生活形态、设计管理、可持续性发展战略和设计哲学方面的研究。在这些教学改革中，都体现出了一种共识，即必须将工业设计作为一种高度综合性的交叉学科来组织教学，从教学的体制、结构改革着手，探索更加综合的教育之路，以此全面提高学生的综合素质。应该说，设计教育在中国经济形式由计划经济向市场经济转型的过程中，为国家的经济建设和发展培养了大量急需的设计人才，发挥了重要的作用。

这套丛书的编著者是由具有多年工业设计教学和在企业有实际设计经验的教师和学者组成的。编著者在充分研究和总结了我国二十多年的工业设计教育理念和教学经验的基础上，较为广泛地吸收了国外先进的教学内容与方法，并结合教学中的实际情况，有针对性地对工业设计教学的相关知识进行理性的筹划和有序的整合，以期从系统的角度对工业设计主干课程的内涵进行阐释。其中既有工业设计的基础理论，又有专业教学的多样性和可操作性，同时也强调案例教学的启发和引导作用，使其具有前瞻性、系统性、知识性和适用性，在同类教材中彰显自己的特色。

“千里之行始于足下”，我们期待通过本套教材的指导，能使学生尽快完成从理论到实践、从专业到产业的深化过程，从而明确专业学习的目标途径和方法。本套教材不仅强调相关知识的有机联系，也重视设计过程的连续性与完整性。尤其是在学生所缺乏的实践性环节上，如市场调查与分析、模型制作、工程技术设计、市场推广等，对所学知识需要从系统设计的角度，注重设计过程的连续性和完整性，重视设计程序和设计方法，融会贯通，以培养和提高学生多角度分析问题和解决问题的能力。

在经济全球化日趋深入、国际市场竞争日益激烈的情况下，工业设计已成为制造业竞争的核心动力之一。在“中国制造”向“中国设计”转型的过程中，工业设计必将发挥关键性的作用。为了迎接这一历史性的机遇和挑战，工业设计教育必须加快国际化进程，更加重视设计人才培养和技术创新等关键环节的构建，把设计教育转向创新设计教育，不断地提高我国工业设计教育的整体水平。

目录
CONTENTS

前言
FOREWORD

家居产品设计是感性的，设计者要比一般人具备更敏锐的观察力，才能在一切习以为常的事物中发现问题，把用心体验来的生活点滴，汇成创意的源泉。

家居产品设计又是理性的，一个好的创意摆在设计者面前，它要冲过材料的围堵、制造的埋伏、市场的冲杀……最终得以幸存下来的设计，往往是靠严密的分析、精准的定位、有序的流程、全面的验证……在乱阵中觅得一条通途。

家居产品是我们最亲近的生活用品，影响着生活的很多层面，好的家居产品设计如何打动人心？何以赢得市场？其实好的家居产品设计往往体现着人性。它们不仅有千姿百态的外形、五颜六色的色彩，更重要的是其设计能够贴近你的生活、预见你的生活、引导你的生活……

本书向我们介绍了家居产品的设计方法、流程、理念以及近年在设计领域取得良好成就的经典设计案例。在书中，你将体会到怎样用情感来酝酿设计；如何用设计来温暖生活；如何让感性与理性、艺术与技术、创意与诗意完美结合，为世界上热爱生活的人们构建美丽的生活方式。

那么，谁会需要这本书呢？

——想了解家居产品是怎样设计的人；

——对现有家居产品设计表示不满的人；

——希望把设计经验与学生分享的人；

——热爱生活、享受生活的人。

第一部分 认知篇

第一章 对话家居产品设计

1.1 改变生活的设计行为

是“艺术设计生活”，还是“生活设计艺术”？艺术与生活向来都是世界公认的人类主题，围绕着它们，世界各个民族都产生过许多出类拔萃的艺术佳作和生活设计。追溯历史，各国的作家、画家、音乐家、雕塑师、建筑师、设计师，他们的优秀作品中都曾贯彻过自由创造的美学理念，将真实的生活体验和夸张的艺术感触巧妙互融。如今，家居产品设计师们本着自由和崇尚美的创作激情，推出了生活功能完备的家居产品，作品既现实又浪漫，既时尚又复古，既优雅含蓄又狂放大胆。（图 1–1、图 1–2）

图 1–1 “TOHOT”盐和胡椒瓶

磁铁让两个独立的半透明聚丙烯瓶子相互吸引，让这对亲密的伙伴能时刻相伴在一起。

图 1–2 榨汁器

乔凡诺尼（Stefano Giovannoni）为 ALESSI 公司设计了这个卡通版的戴斗笠的小侠士。它的斗笠可以翻转过来重新带上就变成了榨汁槽。

1.1.1 概念

什么是家居产品？什么是家居产品设计？也许在我们当中的有些人曾经想过，而有些人永远也不会去想。然而，随着当今社会的发展，“设计”这个词汇越来越成为一种时髦的象征，成为标榜自己身份的谈资，让大众开始仰望“设计”。但也许，很多人都没有意识到，其实人们的生活早已被“设计”所包围。吃、穿、住、用、行不能离开“设计”，听的、看的、触摸的也有“设计”。只要认真看看我们的身边，就能找到一些虽然看似微不足道却与人们日常工作、生活密切相关的家居产品（例如鱼缸、水龙头、吊灯等等），它们也许就是精心设计后的产物。事实上，我们的家中也确实不知不觉地围绕着许多小物件，而我们和这些家中的生活日用杂物似乎培养出了某种默契，这种默契让我们习惯性地忽视它们的存在。然而，它们不仅存在，而且是身系千家万户、门类五花八门、量则难以数计。随着现代社会的发展，人们对家的重视愈加突出。人们开始关心生活情趣与质量，家居产品设计也就应运而生。

有多少个家居产品设计师，就有多少种对家居产品设计的定义。这并不会混淆我们对家居产品设计的认识，相反会丰富我们对家居产品设计的理解。我们宁愿扩大和丰富它的外延，而非将它限制在一个狭小的空间里。事实上，自从人类开始制造物品，设计就产生了。设计是一种有目的、有意识的造物行为。而这种行为最初、最直接的表现载体就是家居产品，只不过当初的那些杯盘碗盏在我们看来是那样的粗陋简单。(图1—3)

图1—3　蕾丝灯

手工吹制的灯泡加手绣花边，保留了传统工艺的精致和独特。蕾丝制造的重重叠叠光影，带来极其浪漫和梦幻的效果。

1.1.2 定义

家居产品设计又名室内产品设计，是工业设计的一个类别。通过训练后主要解决人类居家生活用品的设计问题。但与其他种类的产品设计相比，家居产品设计具有其自身特点。正如设计移动电话和设计餐具是有所不同的，前者注定在两三年的时间内就会随技术的落后而被淘汰，而后者即使是生产20年后，仍然可能是消费者乐于购买的。

家居产品设计的对象是物，目的却是为人。因而在进行设计的过程中就要解决人类如何合理地生产、制造并使用物品的问题。家居产品设计师处理人与物的关系，就如同工程师处理物与物的关系一般自然而重要。(图1—4)

图1—4　“线龟”绕线器

色彩鲜艳的“线龟”，能将分散在书桌背面的混乱的电线收拾停当，带给你一个干净整洁的工作好心情。

1.1.3 范围

家居产品是指为满足人类日常居家生活中使用、审美、愉悦的需要，并针对一定使用空间区域，被生产或开发出来以供销售、购买的物品的总和。发展到现在，家居产品的范围渐渐扩大到由各种材料制造的用于满足家居日常生活中不同功能的产品。

因而，我们不得不心生感叹：这是一个想象与产品同步的时代。你完全可以从这些家居产品身上体验到“只有想不到，没有做不到”这句著名广告语的全部内涵。

目前我国已成了世界各国家居产品的大型出口国，但要从生产大国到设计强国，需要更多的高层次家居产品设计师。学习家居产品设计的现代学生除了要学习普通造型基础课，更要学习化工、材料、机械、声学、电子、绘画、心理学等专业知识。虽然要成为一位合格并卓有建树的家居产品设计师不容易，但人们仍然期待中国的家居设计行业能出现真正引领时尚的设计师。(图 1–5)

图 1–5 "criket "塑料瓶子压扁器

一款高科技下制作的低技术产品。把空塑料瓶子放在底座上，扶着塑料手把，用脚向下踩压扁器上部的滑块，使其沿着钢管向下滑动，就可以压瓶子了。瓶子压扁后，垃圾桶的容量可以扩得大大的。

链接：

著名家居设计大师的名言

将美应用到机械化的生产之中。(亨利·柯尔，Henry Cole，1808–1882)

现代生活是艺术创造唯一可能的出发点。(奥托·瓦格纳，Otto Wagner，1841–1918)

装饰从精神上说是一种奢侈，它并不是必需的东西。

Form follows function！形式追随功能（苏利文，Louis Sullivan，1850–1924）

装饰并不是目的，而是用来表明这件物品的功能。(凡·得·费尔得，Henry Ven De Veld，1863–1957)

能适应人的机器才是最有效的。(亨利·德雷福斯，Hnery Dreyfuss，1903–1972)

能够通过系统化综合不可思议的多样化。(汉斯·古格罗特，Hans Gugelot，1920–1965)

Less is more！少即是多(密斯·凡·得·罗，Mies Van Der Rohe，)

Less is a bore！少即是厌烦（罗伯特·文丘里，Robert Venturi，1925–）

从某些方面来看，我想设计师们应用更多的时间去创造符号，余下的才是制造实物。(菲利普·斯塔克，Philippe Starck，1949–)

1.2 家居产品设计的成长历程

在人类文明史的悠悠长河中，人类在近200年里所取得的物质成就是最为惊人的。而这些成就在改变我们自身的生存状态和生活方式上的作用又是最为显著的。这种改变伴随了人类一项新型物质创造活动的形成，也带来了人类20世纪一门崭新学科的诞生，这就是“工业设计”。它使得家居产品设计渐渐地从各种产品设计河流里开始形成了属于自己的发展体系。

一般而言，人们很自然地把工业设计看做是人类进入工业社会后所特有的。但事实上，人类的设计行为早已有之。从文明史里最古老的祖先学会将石头简略地打制成粗糙的石器开始，人类就有了为制作某种使用器具的设计思维活动。应该说，人类设计的历史和人类文明发展的历史同样渊远流长。因此，工业设计的形成，既是工业革命的发展所带来的种种历史变革使然，同时也标志了人类活动正步入一个新的发展阶段。作为工业设计领域中的一门分支学科，家居产品设计也就同样具有相同的发展历程。那就是，许多相关的家居产品设计原则其实是在工业社会前就已经从某些设计活动中孕育了。(图1–6、图1–7)

图1–6 烟灰缸 1924年

来自包豪斯杰出女设计师玛丽安娜·勃朗特的设计。她设计的这款金属烟灰缸，线条简洁明朗，极佳地体现着当时包豪斯的现代主义。

图1-7　电水壶系列设计　1909年

3种基本形态、3种尺寸、3种金属材料、3种表面处理，再加上可以互换的零件，这一系列电水壶就可以变化出81种形式和尺寸各异又有共同特征的电水壶。

1.2.1 起源

借古可以鉴今。每一个人、每一个国家对工业设计的认识过程往往是历史的再现。为了少走弯路，我们有必要回顾一下家居产品设计的源头。

当人类的祖先开始利用周围的原始材料制造工具时，设计的思想就在他们的头脑中闪现。他们利用石头、皮革、骨头、枝条、叶子和茎秆，设计和制造赖以生存的全部必需品，帮助他们提供食物和住所，以及能与强大的食肉动物和山顶部落对抗的武器。这时，设计和制造实质上就是同一种活动。我们常把人类史前阶段分为石器时代、青铜时代和铁器时代，每一阶段标志着人类每个时期使用的主要材料，标志着人类掌握了一种新的技术，并为新的事物的出现提供了可能。欧洲的石器时代大约从3万年前开始，1万年前进入了青铜时代，然后在3千年前进入了铁器时代。而在人类活动早期，随着原始人类在地球上开始生存，人类就开始有意识地制作出与人类生活息息相关的各种家居用品。家居用品历史悠久，由古至今它的演变记载着劳动人民生活的变迁，最早的家居用品是人们用泥土制造的各种陶器，作为储存或烹饪食物的器具。发展到后来，家居用品的范围渐渐扩大到由各种材料制造的，用于满足家居日常生活中不同功能的产品。

然而，作为家居产品设计母系学科的工业设计，其历史并不长，它是人类跨入工业文明后逐步形成的，近代西方工业革命带来的机械化大生产和劳动分工是导致其产生的根本原因。而工业设计成为一门独立学科已是上世纪初的事情了，至于家居产品设计出现时间则更晚，直到本世纪初才开始有学者提出了相关的概念，并做出研究。(图 1-8)

图 1-8　长信宫灯　西汉

典型的照明工具，蕴含古人令人惊叹的智慧。旋转的灯罩调节照明方向和亮度；衣袖虹管能虹吸灯烟；隐藏式的灯座则可以盛水溶解灯烟。在技术水平低下的年代，这样的设计已经能使古人在洁净的环境下获得良好的照明了。

1.2.2 发展

人类文明的不断发展也带动着家居产品设计的不断进步。当然，家居产品的每一次进步都是同工业设计这门学科息息相关的。现代意义上的工业设计伴随着 18 世纪晚期英国工业革命的出现而兴起，是在机械化初期为解决产品的技术与艺术的分离而寻求二者的新统一而产生的。一些决定性的发明的涌现（如蒸汽机），带来了生产方式的巨大变革，生产效率和速度的极大提高。机械化生产逐步替代手工劳动，改变了人们过去的生活方式和谋生之道，社会开始从此进入工业时代。于是，设计和制造开始分离，逐渐诞生了专门的职业工业设计。工业设计伴随着社会的工业化进程，不断挖掘自身存在的意义和作用。它以否定机械技术的“手工艺运动”开始，以肯定大工业基础上的技术与艺术的新统一而确立。试想一下，你生活在18 世纪末期的欧洲，艺术还主要是哥特式、巴洛克和古典派占统治地位的时期，浪漫主义刚刚萌芽，社会生活还是一种节奏缓慢、充满诗意的“田园生活”，你的周围还是制作缓慢、精良而富有装饰情趣的传统手工产品，突然，轰隆隆的机器声打破了一切平静的生活。生产方式变了，你的生活方式、生活节奏、谋生方式完全被打破了，你会不会感到惊慌失措，无可适从。你把所有的怨气都撒在那该死的丑陋的机器生产的产品上，当然，这一时期的产品其实往往多是家居产品。另外，由于新发展的机械技术没有解决机器设备对人的机体的生理和心理的适应性，只注意产品的功效而忽视产品形象为人们接受的程度，导致产品的粗制滥造。到 19 世纪中叶，这个矛盾日趋尖锐，导致了英国莫里斯的“手工艺运动”和继之波及欧洲大陆的“新艺术运动”。(图 1-9)

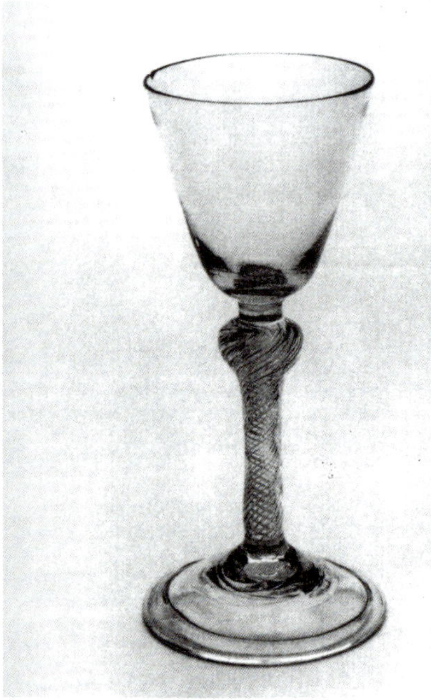

图 1-9　高脚酒杯　1763 年

这款酒杯采用小批成套定做，在它身上体现了玻璃吹制工人的个人技艺和设计观念的直接结合。它表现出工匠的丢弃公用传统服务于贵族社会时尚的早期尝试，它具有鲜明的巴洛克风格，用不复杂的技艺得到那个时代令人愉悦的个性。

1.2.2.1 ARTS AND CRAFTS（艺术与手工艺运动）

英国“手工艺运动”的倡导者莫里斯和拉斯金揭露机械化初期技术发展非人性以及与艺术对峙的现象，主张恢复劳动者对劳动和劳动产品的美感，努力把生产过程变得使劳动者舒服，使劳动者在劳动中发挥个人自由创造的才能，使每件产品都能成为满足人们审美需要的大众艺术品。莫里斯首次提出了技术时代技术与艺术、劳动与审美如何结合的课题，被称为“工业设计之父”。但他主张用手工业生产代替机械化的大生产，违反了社会发展规律，注定只能是乌托邦的梦想。这一时期的家居产品往往体现出要么粗制滥造，要么就是风格的盲目回归，虽然莫里斯本人也设计了相当多极具清新气息的经典家居产品，但他自己也承认他对机器的仇视带有局限性。（图1-10～图1-12）

图1-10　银框玻璃花篮　1906年

英国艺术与手工业运动时期，由维也纳分离派的创始人约瑟夫·霍夫曼设计，霍夫曼提倡设计上的纯净风格，喜欢规整的垂直构图，并逐渐演变成方格网的形式，由此获得了“棋盘霍夫曼”的雅称。

图1-12　壁毯　1900年

由英国艺术与手工业运动的发起人——威廉·莫里斯设计。其纺织品的设计格调清新富于现代感，洋溢着一种那个时代少有的青春气息。

图1-11　座钟　1903年

这是英国艺术与手工业运动第二代设计师的杰出代表——洛克斯设计的。洛克斯的作品中的有机形态和涡卷的曲线装饰源于他从塞尔特人的图案纹样中获得的灵感。

1.2.2.2 ART NOUVEAU（新艺术运动）

机械化生产并不会理会莫里斯等人的主张而按照它自身的要求发展。19世纪末20世纪初，欧洲大陆的“新艺术运动”是用传统古典的艺术形式框架机械产品，进而寻求工业产品新形式的运动。“新艺术运动”在先进技术与过时的外观形式的矛盾、折中、徘徊中寻求新的出路，一方面，它用纯艺术的眼光缅怀古典的传统形式，主张以古典纹样和曲线装饰机械产品，让工业产品穿上手工艺的外衣；另一方面，工业技术以其强大的生命力生产着新的技术产品并充斥整个社会物质生活领域，冲击着传统艺术观念的桎梏。新技术、新材料、新工艺以其自身的规律开辟相应的合乎功能形态的美，建立人们新的审美标准，启迪着艺术家们对产品的功能和形式的关系进行重新思考。（图1–13～图1–15）

图1–15 孔雀花瓶 1896年

这是美国设计师蒂凡尼经典的“法夫赖尔”花瓶系列里最具代表性的一款设计。它以其流线的形状、艳丽的色彩和蜿蜒的装饰，构成了美国对新艺术风格的极大贡献。

图1–13 水晶花瓶 1877年

法国设计师埃米尔·加莱设计制造，他是新艺术运动兰茜派的代表人物。半透明珐琅制成的蜻蜓和蝴蝶灵巧生动，使得造型普通的花瓶瞬间充满了情趣。

图1–14 珐琅酒杯 1900年

挪威设计师索尔夫·普瑞兹设计。这个酒杯以美丽的植物花卉为创作主题，将传统的自然与象征的视觉结合在一起，带有新艺术全盛时期的典型风格。

1.2.2.3 MODERNISM（现代主义）

1907 年 10 月 5 日，德国建筑师穆特休斯联合了 12 位艺术家、12 个企业和创作团体，在慕尼黑成立了“德国工作联盟”，提出了艺术和工业技术的结合。他们在肯定机械化批量生产的前提下认为，工业时代所用的材料及加工手段与手工业不同，所以，工业产品不能再继续模仿古旧的、不伦不类的形式，而应把创造机械的样式作为设计的目标。他们主张把握技术、功能、材料，注意经济法则，置功能于第一因素，讲究、注意标准化的艺术造型，就能使产品优质化。

在德国工作联盟理论和实践的基础上，1919年，格罗佩斯在德国魏玛创建了著名的“包豪斯”学院。包豪斯学院是由建筑师、工业家、艺术家组成的工业设计和工业设计教育的联合体系，是 20 世纪二三十年代世界上影响最大的设计学校。包豪斯主张艺术与技术新的统一，建立以人为中心，面向大众需求进行设计的设计思想。包豪斯全面实践了功能主义设计，重视使用功能，把功能的概念扩展成整体使用要求，综合考虑使用者的生理和心理特征。包豪斯非常重视制造工艺，把制造工艺看做是设计不可分割的一部分。包豪斯的设计思想标志着现代设计理论的形成。在这些设计思想的主导下，产品、建筑的现代主义风格成为席卷全球的设计主流。(图1–16～图 1–18)

图1–16　美国现代派餐具系列　1937 年

美国第一代职业设计师之一的拉索而 · 赖特设计。这些餐具设计简洁，没有外加的装饰，只强调材料的性质和外在效果，于当时美国流行的流线式大不相同，明显受到了现代主义和包豪斯的影响。

图1–18　玻璃储物盒　1938 年

德国设计师华根菲尔德设计。这些模块式的模压玻璃器皿，都没有装饰，而是强调简洁的线条和微妙的体形变化，有克制的探索了玻璃的可塑性。

图1–17　PH灯　1925 年

由丹麦著名设计师汉宁森设计，他的灯具设计首先考虑的是人的因素，优雅的造型来自对功能关系的严密组织。所有角度都看不到光源，避免眩光的出现；通过反射才能到达工作面的光线，带来更加柔和的照明效果。

1.2.2.4 ART DECO（装饰艺术）

ART DECO（装饰艺术）一词起源于1925年在法国举办的Exposition Internationale des Arts Decoratifs Industriels et Modernes(现代工业装饰艺术国际博览会)，指的是两次世界大战期间，大约是20世纪20年代至30年代流行的一种设计风格。此风格不仅反映在建筑设计上，同时也影响了当时的各种艺术门类，特别是工业设计。

ART DECO演变自19世纪末的ART NOUVEAU（新艺术运动），当时的ART NOUVEAU是资产阶级追求感性（如花卉、动物的形态）与异文化图案（如东方的书法与工艺品）的有机线条。ART DECO则结合了因工业文化所兴起的机械美学，以较机械式的、几何的、纯粹的线条来表现。如扇形辐射状的太阳光、齿轮或流线型线条、对称简洁的几何构图等等，并以明亮且对比的颜色来进行表面装饰，如亮丽的红色、吓人的粉红色、电器感的蓝色、警报器的明黄色、象征探戈的橘色、带有金属味的金色、银白色以及古铜色等等。同时，随着欧美帝国资本主义的向外扩张，远东、中东、希腊、罗马、埃及与玛雅等古老文化的物品或图腾，也都成了ART DECO的素材来源，如埃及古墓的陪葬品、非洲的木雕、希腊建筑的古典柱式等等。（图1–19～图1–21）

图1–20　镀镍铜制烛台　1925年

维也纳Hagenauer制造厂生产。半圆的烛台像一棵树，剪纸般的抽象动物纹样打破了单调规则的形态。这种扇形的形态特征也是装饰艺术时期常用的设计语言。

图1–19　铜制法兰西花瓶　1925年

左右对称递进的形态，常见于中美洲的建筑和教堂装饰，而这种表现手法在装饰艺术时期非常盛行。植物纹样的方形印章是花瓶上唯一的装饰。

图1–21　附盖圆瓷盒　1925年

盒子的顶部、底部和四周都装饰有浮雕纹样，正面的射线状几何建筑纹样具有典型的装饰艺术风格特征。镀金的浮雕纹样同鲜艳的孔雀绿及宝石蓝混合的陶瓷釉面形成强有力的对比。

1.2.2.5 POST–MODERNISM（后现代）

20世纪60年代设计领域出现的文化动荡，使得现代主义的设计原则和设计文化受到了极大的冲击。虽然那些带有破坏或调侃情绪的波普设计、反主流设计和激进设计本身并没有在本质上形成任何设计学说，但这股反叛思潮的作用却是历史性的。20世纪70年代，使产品设计联系大众文化方面的努力始终没有停止过，并在理论上和实践上逐渐形成了一定的学说和方法，这股思潮被称为设计领域里的“后现代主义”（POST–MODERNISM），或“现代主义之后”（AFTER–MODERNISM）。

后现代设计将设计从理性转向了感性的和象征的世界。尽管其中有相当一部分表现出了形式主义甚至故意追求新奇和刺激的意味，并且全然不考虑设计与制作以及日常生活的现实需要，但从总体上看，其目标则是要获得设计文化的多元面貌。于是，后现代设计可以向拉斯维加斯、古典主义、装饰艺术、波普艺术，甚至朋克发式、旗帜、糖纸、庸俗口味等任何东西吸取要素。然而，后现代设计毕竟是一些个别的探索，虽有大公司的支持，却迟迟未能走向市场。后现代设计的产品极其昂贵，似乎从一开始就保持了其作为“名流事业”的设计思想。这与它所强调的大众文化的设计主张是相抵触的。不过，不可否认的是，20世纪80年代产品市场呈现出如此多元繁荣的景象，尤其是设计师在产品设计上对于风格、时尚、历史、人情等多种人文因素的越来越强的自觉意识，是与后现代的冲击紧密相关的。（图1–22～图1–24）

图1–22 ANTARES花瓶　1983年

意大利著名的后现代设计集团“曼非斯”制造的这款花瓶，由迈克尔·德卢奇设计。看似荒诞的形态，艳丽的色彩，恰到好处地体现了“曼非斯”主义的设计多元化与审美方式的多样化。

图1–23 福摩萨装饰灯具　1990年

意大利后现代设计的领军人物埃托·绍特萨斯为VENINI设计。作为“曼非斯”集团的核心人物，绍特萨斯的设计更是体现出打破功能主义设计观念的束缚，强调物品的装饰性的设计原则，带来与国际主义、功能主义完全不同的设计新观念。

图1–24 彩色灯具 1981年

玛廷·贝丁为“曼非斯”设计。这款用玻璃纤维和橡胶材料制作的灯具，虽然有些稀奇古怪，但看起来轻松活泼、乐观愉快，引人注目以及鲜艳浓烈的“时代精神”明显地反映在设计中，让这款近乎疯狂的设计也得到了许多人的喜爱。

作为一个不断发展的传统性产业，家居产品产业在现代社会的理念已经超越了产品本身，家居产品的生产已与大众心理、社会历史文化相结合，以适应不同年龄层次消费者日益增长的生理、心理和社会文化需求。因而，它也就具有更深的文化内涵。(图1–25)

图1–25 吻式花瓶

仿佛生来就是整体的两个花瓶，其实各自为政，但它们的那份恩爱却是那么的令人羡慕，独到的情感表达加上极简的设计手法，这就是卡瑞姆·莱西德的设计哲学。

链接：

回归ART DECO

流行于20世纪20年代Art Deco装饰风格，如今开始演绎它新的轮回。号称“极简主义终结者”的荷兰人Tord Boontje（托德布歇尔）在奢侈品行业内将Art Deco重新演绎并成功吸引了全世界的眼球。再次兴起的Art Deco风潮首先出现在时装界“最大胆、最具戏剧效果”的McQueen高级成衣店的店内装饰中，并于2年后传入家居领域。森林藤蔓、大朵花卉、昆虫蝴蝶……纷纷幻化成千变万化的曲线，一系列镂绘着夸张图案的剪纸、屏风、布艺等饰品将居室营造出独特的梦幻气氛。

Art Deco以其特定的社会感情和文化意识，从秩序、线条、形式、色彩等方面带给人们以审美愉悦，从文化、理想、象征、历史等方面满足人们更深层次的需要。因为未来的设计本质就是对生活方式的设计，而适宜的装饰正是我们设计美好生活方式的重要手段。因此，家居产品设计师们将从森林、原野中获得的灵感和色彩挥洒于家居设计中，使原本静谧的空间流露出华丽的气质。大朵花卉、森林蔓藤、蝴蝶蜻蜓等缤纷图案被极其大胆地运用于各种产品的装饰中。那些简单、自然，且略带有丝丝夸张情绪的造型，唤醒了人们内心深处对美好事物最单纯的印记。

我们无法想象，如果没有浪漫，世界将会变得怎样的沉闷；如果没有浪漫，生活将会变得怎样的呆滞。生活的浪漫，也许就体现在生活用品那些小小的构件和装饰元素之中，或许仅仅是一盏灯、一把椅子、一套杯碟，以及丝丝弥漫的浪漫情调。这种将富有浪漫色彩的装饰美学融入高级原料和工艺，就成为当今设计领域的一大趋势。

这正如那部《Amelie from Montmartre》（《天使爱美丽》）的电影，那个大眼睛的女生。保持一贯的浪漫，带给视觉异常的温暖：阳光、笑脸、楼下画家画布上簇拥的人群，还有Amelie房间铺张的红，裙子上夸张的绿。总会在无意中泄漏一些法国片所特有的“调皮”。打破呆板的生活，寻找生命中的激情与感动，让身边每个人重新感受到生命的美好。（图1—26～图1—30）

图1—26　蜂鸟瓶塞

新装饰主义的代表、ARTECNICA品牌的创建者雅范巴克和布里桑设计的该款瓶塞，取材自美丽灵巧的蜂鸟。用雕塑的手法，强调出浓浓的装饰气息。

图1－27 “想念你”系列花瓶

托德·布恩杰设计的这一系列花瓶包含有“现在（NOW）”、“永远（FOREVER）”和“这里（HERE）”三款。从自然植物中获得的装饰纹样的灵感，使这些二维的金属皮变成了美丽的三维产品。

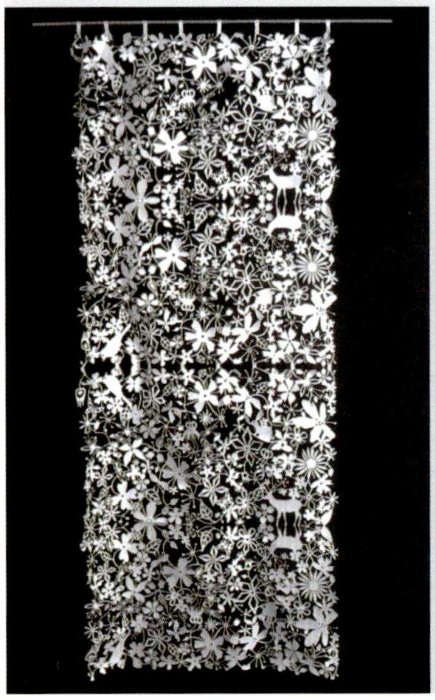

图1－28 直到黎明窗帘

采用高密度聚乙烯合成纸材料制造的窗帘，有白色和绿色款。简洁的花朵和植物纹样如同浪漫的诗歌，蔓延在温馨的室内。再次表现出托德·布恩杰对花朵装饰的偏爱。

图1－29 仲夏夜之灯

托德·布恩杰的得意之作，以计算机随机切割出如剪纸般的图案，不同颜色的剪纸层层覆盖，就像置身花团锦簇之中。布恩杰浪漫的设计风格也因此而风靡欧洲。

图1－30 壁纸灯

来自DROOGDESIGN的这款灯，似乎和我们做了个设计游戏。简单的灯因为不同的壁纸而穿上了不同纹样装饰的外衣，不仅带来了别具一格的情调，也让装饰不再等同于繁杂的装饰物。

1.3 家中杂货铺

不管你是在外头奔波或是正历经办公室复杂的政治环境，也不管你是呼风唤雨的主管或是在办公桌前埋头操作电脑的上班族，只要开启家里那一盏灯，所有的面具和人际关系中的争斗，都随着沐浴露的滋润、领带的解脱，而恢复到本来单纯的面貌。这时，家里的那一张躺椅、沙发总是我们最后的安慰，一盏温暖的灯，一杯可口的茶就是我们最好的疗伤药。

物质要有情感才迷人，家中的物品总是被我们注入最多的感情和故事。许多人喜欢逛IKEA，常常冲动地被IKEA卖场里的陈设所吸引，买张桌子、一把椅子回去。一盏灯在置物台上和摆在IKEA的“家”中，内里的感情就很不一样，一盏灯、一张椅子、一张桌子，或许它的价值等同于标示的定价，但等桌椅放在家中，它的价值却是随着使用者的岁月而与日俱增。人们想要怎样的一个家？家中的一盏灯、一张桌子、一把椅子都透露出人们对家的憧憬。人们渴望能找到一个兴趣相投的咖啡杯或是时钟，来表达他们独特的内心世界。而每个设计师对于“家”也有着不同的期望，当然他们也把这种期望注入在作品中。在他们的设计世界里，一个简单的清洗马桶刷，就可能可爱得让人扬起了嘴角。

那么这些能带给人们快乐的产品有分类吗？当然有的。(图1—31、图1—32)

图1—31　“星云”花瓶

卡拉特络尼在2003年为AFROCITY公司设计的花瓶。云朵式的花纹升腾在美丽而简洁的花瓶中，仿佛宇宙中最奇妙的景观被设计师完美地再现于桌面。

图1—32　无时差钟

时钟的圆柱体两端是显示时间的表盘，仅有的一根指针指示小时和分钟。而圆柱表面被设计成12个平面，上面刻上了分别代表24个时区的城市名字，当你想知道某一个时区的时间，只需要转动钟表，把代表那个时区的城市的名字冲上作为12点的刻度，就能读出该时区的正确时间。

1.3.1 LIVING ROOM（起居室）

1.3.1.1 天花板下的游戏

在北欧，并不是几盏日光灯就可解决家中的照明，客厅、饭厅、卧室或是家中的小角落，北欧人都习惯为空间挑选适合他们的灯饰。对他们来说灯不只具有照明功能，还可以是营造气氛的最佳道具。而吊灯通常是客厅、餐桌的灵魂，不管是繁复的花环吊灯，或是优雅简洁的吊灯，各国设计师都能充分运用各种材质和技术，设计出充满诗情的灯饰；不管是极简主义或是装饰艺术风，都可为家中的半空经营出罗曼蒂克的诗意。而采取自行组合方式的灯罩不仅为商家节省运送成本，也让使用者自行动手，增加参与的乐趣。同时你也会惊讶设计师的创意是在严谨的计算下，在剪纸和折纸技巧的巧妙运用下，在人们的天花板上动着手脚，为每个灯饰展现独具的风味。(图1－33～图1－37)

图1－33 Delight 毛毡蝴蝶吊灯

毛毡做成的灯罩即使不带来光明，也能让人感到温暖。而直接在毛毡上剪裁出来的蝴蝶，既有剪纸的趣味也带有半立体蝴蝶挥舞翅膀的可爱，伴着暖黄的灯光，美丽的蝴蝶展翅飞翔。

图1－34 Microtek Products 蛋形灯

泰国Microtek Products公司生产的这一系列镂空灯具，完美地利用了塑料的柔韧性与可塑性演绎着新一轮的装饰主义风。

图1－35 Palmett 吊灯

灵感来自于一张14世纪的印度地毯，以当代的树脂材料设计和演绎的带有中世纪风格的华丽吊灯。它还可以自行组装，以及摊平了运输。

图1－36 Lcarus 吊灯

天使翅膀一样的灯罩垂饰是由一层层的多元聚酯材料拉伸而成，最大发光量是69瓦。当它打开时，就如同美丽的天使降临时散发出的层层光晕那么美妙。

图1－37 Millefeuilles 吊灯

来自MIXKO设计的这款吊灯帮人们留住了匆匆而去的春天，让温馨的客厅在寒冬也能繁花似锦。这些盛开的花朵可以拼插、组合，也能根据需要而改变尺寸。

图1－35

图1－36

图1－37

1.3.1.2 有趣的时间

我们常用我们习以为常的方法或者角度去生活，因为那样的方式最为偷懒。回家最好走一成不变的路线，吃饭都点一样的菜单，心里想着，冒险的事就让电影中的印第安琼斯去做好了。毕竟冒险有太多的不确定，为了不让自己受伤，我们只好循规蹈矩。然而很不幸，大部分的事往往不能随人心愿，所以不管是在生活还是在工作中，老天爷总会给我们来一些刺激，那时我们所有习以为常的方法都失灵了。这时，面对生活和工作上的课题有时需要打破成规，有时候只是思想方式转个弯，就像传统钟总是 12 个数字从头排到尾乖乖地围个圈，而时、分、秒针总是 24 小时不停追赶。这种钟的模式被设计师们打破，在他们眼中钟的世界很宽广，千奇百怪的打破你看时间的方式，数字可以藏在试管里、温度计里，甚至在半空中，你在照镜子、读Memo纸时，不守规矩的时间，就会让生活变得很有趣。(图 1−38～图 1−41)

图 1−38　欧西亚多功能时钟

来自美国欧西亚公司的这款时钟，其实已不仅仅是时钟了，它还是一款天气预报播放器。要知道时间，除了看液晶屏，也可以看投影。法拉利的纪念款设计，将 F1 赛车的气质带入了家居生活。

图 1−39　木块钟

日本株式会社匠工艺（北海道）出品的这款钟，粗看只是不起眼的木块，可是当时间闪现其上时，才发现它的特别。简洁干净的线条，传递着崇尚纯粹的东方哲学。

图 1−40　牛奶盒时钟

大名鼎鼎的泰国Propaganda 品牌除了拥有MR.P 和 Swan 两个产品系列外，当然也有其他有创意的产品推出。就像这款牛奶盒时钟，日常生活中常见的物品原来也可以变成另一种产品的外观，这就是设计师的魔力。

图 1−41　Time　Stone 时钟

曾代表香港设计登上过邮票的美丽时钟，却不是用常见的塑料制造的，它是用石灰石加上合成颜料塑造而成的。造型的可爱化，能让人感受到生活的轻松。

1.3.1.3 经过设计的声音

千万不要小看音乐在家的地位，许多人都会在单身时用音乐来填满家那宽敞而寂寞的空间，从而为自己的空间精心设计声音的品质。但结婚后，许多人却开始抱怨生活中有太多的声音，虽然丈夫花大钱提升家里视听设备的等级，但却忙得没时间去听一曲，家中环绕妻子的炒菜声、小孩的哭闹声、丈夫坐在电视前传出的笑声。这时，我们不妨将这些日常的声音关掉，转到自己喜欢的音乐频道、放一张钟爱的CD，将音乐再次充满我们的生活，又回到只有那个独自和音乐相伴的日子。那些造型独特的收音机、CD Player、音响，不时提醒着人们注重家中的声音，尽量将争吵的音量降低，放大音乐。当然，如果我们能仔细分辨的话，就会发现欧系和日系有着不同的设计风格，欧洲品牌色彩缤纷、造型大胆，而日系设计简约朴素、注重与环境的融合性。(图1－42～图1－46)

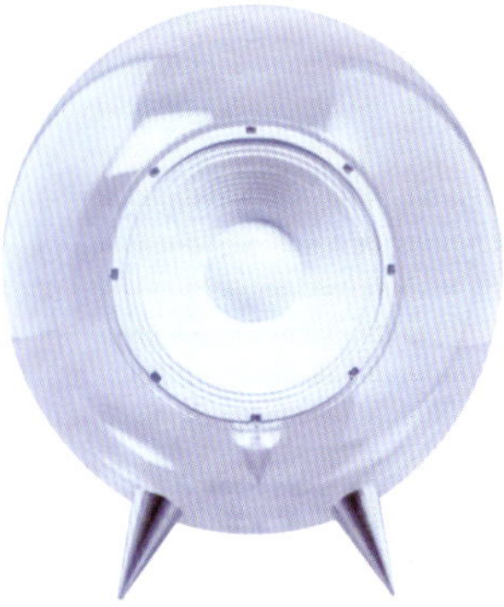

图1－43 FH002扬声器

FH002扬声器，无论是视觉上还是音质上都一样出众。他的超低音扬声器和号角式扬声器天衣无缝地结合在它那光洁美丽的透明丙烯酸球形外壳内，颠覆了传统的音响设备形象。

图1－42 Moun扬声器

Ross Lovegrove所设计的扬声器线条非常女性化，同时为了体现音质像空气一般能够充满房间的每一个角落，特意选择了5厘米厚的铝来制造，这样这个2米高的扬声器也能像雕塑般成为家居装饰品。

图1－44 陶瓷收音机

香港设计师叶智荣为ALANYIPA品牌设计的收音机，以陶瓷为主体材料，既有极强的可塑性，又具备完美的音质。造型稳重大方中透出灵动，体现了香港本土设计的实力。

图1–45　彩色收音机

造型设计简洁、色彩鲜艳，外壳是防水的硅胶材质。而设计师Marc　Berthier将调钮和喇叭与整个外形融为一体，简单且富有趣味，是法国设计品牌LEXON的代表商品。

图1–46　Diabolo收音机

法国设计师Elise　Berthier为LEXON公司设计的，外形颇像两个相对的陀螺的FM收音机，分成上下两部分，上面是调整音量的，下面是调整频率的。它曾被《时代杂志》选为年度最佳商品之一。

1.3.1.4 瓶中四季

人们的生活离不开美丽的鲜花，然而花朵的生命是短暂而柔弱的，它需要同样美丽的容器来衬托那些艳丽的绽放。于是人们也开始重视起盛花的各种容器来，这些精心设计的器皿也开始在不同的时间、不同装饰风格的环境中述说着不同的故事。男人、女人，开心、悲伤，稳重、活泼，人们买回家的花瓶其实都是不同人生、不同心境的反映。这样的花瓶再加上各式娇艳的花儿，让四季都能停留在我们的身边。只不过，现在的花瓶不再只有传统的陶瓷和玻璃材质，还有许多新的材料，如塑料、金属。当然，即使是传统材料，聪明的设计师们也能赋予它们新的内涵。（图1–47～图1–51）

图1–47　阿尔托花瓶

1936年，阿尔瓦·阿尔托为芬兰赫尔辛基甘蓝叶餐厅设计了这款后来以他名字命名的经典玻璃花瓶。随意而有机的波浪曲线轮廓来自于芬兰星罗棋布的湖泊，而且由于是手工制造，每只花瓶的曲线都是独一无二的。

图 1－48　陶花瓶系列

三种不同规格、不同直径的陶花瓶出炉后，风干到同皮革的硬度相当。然后根据特定的形状把它们切割成大小不同的圆环，再根据需要将它们重新组合成蓝白相间的花瓶。这样就能获得一系列优雅而富有变化的美丽花瓶。

图 1－49　LIBELLE 花瓶

花瓶的灵感来自凯瑟琳·玛斯克参观自然博物馆时拍下的蜻蜓照片。厚厚的琉璃花瓶如同媒体，令蜻蜓如同展示在放大镜下一般清晰，并且能通过不同角度，变换不同形状和姿态，令蜻蜓栩栩如生。

图 1－50　LACE 花瓶

BLOCK 设计的花瓶，这个长形丙烯酸花瓶处处显现了一种棱角尖锐的阳刚气质，然而在细节上又展示了女性的阴柔，让人联想到维多利亚时期的风格。

图 1－51　兔子／骏马花瓶　设计师：Tord Boontje

在花瓶加工过程中的高温状态下，用点的造型在玻璃表面绘制出可爱的兔子和奔驰的骏马，花瓶趁此机会发生形变，形成一种特殊的造型。

1.3.2 DINING ROOM（饭厅）

1.3.2.1 优雅平静的餐桌

曾经设计过著名而可爱的蛋椅的建筑师兼设计师Arne Jacobsen曾说过：“所有的装饰都是多余的。”因此，呈现在我们面前的北欧设计就像不会多说废话也不爱加形容词的人，反而用一种简单、慢条斯理、和顺的语气和你谈话。喜欢低调的人，对于意大利眼花缭乱的活泼设计可能负荷不了。那么若你是不想多说话的人，想让餐桌回归一种湖边沉思的宁静，这些北欧的极简概念的设计可能就比较深得你心。曾跟随Arne Jacobsen八年之久的Jorgen Moller曾说：“好的设计必须是具有功能性的，但是也要兼具美感与典雅。”人的生活总是被爱人、亲人、公事、私事搅和得一团复杂，所以对于餐桌的要求也想寻求一丝平静，这些极简的餐具提醒着我们也可单纯而优雅的过日子。(图1–52～图1–56)

图1–52 Contura 餐具

来自德国的设计，Contura代表了直接、现代而简练。优美的线条源自丝缎般的把手严格的几何结构。特殊的尾部设计使每一部分都能牢固而舒适地握在手里。

图1–53 Pivot&Dimple 餐具组合

Susana Shaw设计的餐具。这是一套专门为意大利粉设计的餐具，这种深具创意的设计连接了勺子、碟子和食物之间的空间关系。而横躺在碟子上的勺子将餐具从桌布上“解放”了出来。

图1-54 “两用”It Takes 2碗

这是一款手工吹制的玻璃碗，专门用来放置需要蘸调料的凉菜，设计简洁却功能合理。由瑞典设计师奥洛夫·考尔特设计，是斯堪的纳维亚地区人性化的现代主义风格的代表之作。

图1-55 韩国国旗图案餐具系列

美国ACME公司请韩国设计师金英世为其设计的一套高档收藏品。设计师将韩国国旗图案截出一部分扩大或叠用于设计中，使这些简洁而优美的曲线展现出别具一格的风貌。

图1-56 魔术师的咒语碗碟套装

TAHLA瓷器公司出品，碗与碟的聪明组合，以亚洲尤其是日本饮食为风格的组合既富有装饰性，又有很好的功能。在东方文化日渐走红的今天，格外受喜爱。

1.3.2.2 又到咖啡、午茶时间

咖啡、午茶时间是最适合和朋友一起渡过的,男人或许很难了解女人的友谊在那短短的喝咖啡或是下午茶的二三个小时就可完成心理治疗师的工作。而那种私密的情感和话题或许要男人们付费给心理医师才愿意吐露,因为在酒吧喝酒的男人谈工作和运动时,只代表着那是延续职场的竞争战场。女人们真诚的下午茶却是情感抒发的时间,从对方生活的喜、怒、哀、乐中去找寻自己生活和生命中的答案。所以好好珍惜下午茶时光,不管是想一个人单独品味宁静,或者是和好友分享,那一杯咖啡和茶的时间都需要排进时间表里,所以以隆重的态度安排午茶,那些温馨而又能引人发笑的咖啡组就会为美好的午茶时间锦上添花。(图1—57~图1—61)

图1—57 Haga咖啡套件

卡尔·理查德设计,Haga是使用半透明状态的高质量骨灰瓷制造而成。上面的花纹为全手工铁花铀法制作,然后上釉进高温烧制。全套瓷器可以在微波炉和洗碗机中使用。

图1—58 牛顿套装

芬兰设计师塔尼亚·斯碧拉为TONFISK公司设计的"牛顿奶+糖"套装,让所有习惯了糖罐、奶罐再加上咖啡杯等等堆满一桌的人们目瞪口呆。精致小巧的糖罐套在奶罐上端,当倾倒下端的牛奶时,即使不移动上端的糖罐,其中的方糖也因为糖罐的自动水平调整不会滑溜出来。

图1—59 Mug Drink Selector饮料标签杯

SUCK UK公司的最新出品。"你要茶还是咖啡?加不加奶?几粒糖?"要想避免在众多亲朋面前出现遗忘的尴尬,那就最好使用这种杯子。

图1-60　温暖系列茶壶

“温暖”系列由芬兰设计组合——TONFISK设计。这一系列产品材质轻便，木环装卸随意。而这些用桃木或橡木制成的木环能让没有把手的茶杯与茶壶即使装满热茶也不会烫手。

图1-61　Basic保温瓶

罗斯·诺夫格罗夫设计，在日常生活中应用透明塑料往往会产生特殊的美感，这款保温瓶就是一个成功的商业标志。它由一个类似水晶一样透明的聚碳酸酯塑料外壳和一个真空的硬化玻璃内胆组成。

1.3.2.3 异想天开的餐桌

当电视进入我们的家庭后，许多人都宁愿和电视一起吃晚餐了。也许人们开始认为在餐桌旁老老实实的吃饭已经是跟不上时尚的行为，但事实是，餐桌上才是和家人、朋友联络情感的最佳平台。和自己心爱的人、知心的好友一起下厨是一种值得回味的美丽记忆。所以不只是需要仔细烹调我们的食物，同时也请不要忽视餐桌上的小配角——调味罐或是开瓶器。家居产品设计师们异想天开的创意，会让你张大嘴巴诧异设计师们竟然能对小小胡椒罐或牙签盒也如此的大费周张。（图1–62～图1–66）

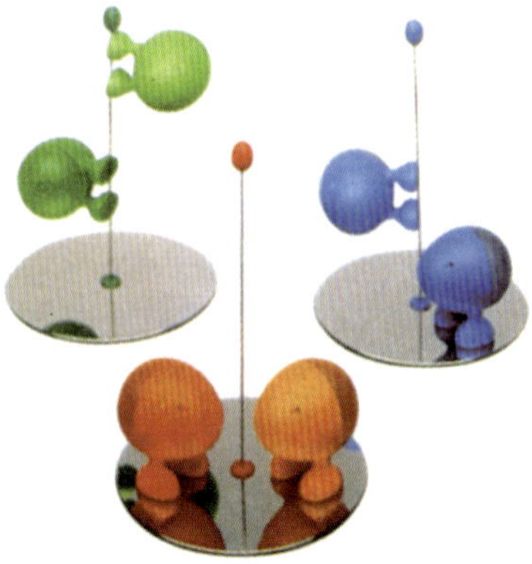

图1–62　小人国椒盐瓶

来自后现代设计代表品牌ALESSI的产品，设计师Stefano Giovannoni将椒盐瓶变成桌上把玩的玩具，让底部附有磁铁的小人能横着在钢丝上游走，眼睛则是盐和胡椒的出口。

图1–63　VOODOO刀架

Raffaele Lannello为Viceversa设计的刀架。让一件普通的日用品因带有讽刺意味的设计而得到了新的演绎，充满幽默感，也略带一点点的歪斜。

图 1－64　鲨鱼开瓶器

泰国家居品牌PROPAGANDA 出品，张着大嘴的鲨鱼却一点也不凶恶，它不仅有可爱憨厚的形态，也能帮我们咬开牢固的瓶盖。这样的小东西当然让我们爱不释手了。

图 1－65　MONO－GIRO 单向苹果刀

这款苹果刀是可以绕着苹果核切割苹果的工具，如果将GIRO 留在没切割完的苹果上，还可以有效的保持苹果的新鲜，使苹果不会变色。该设计曾获得红点设计奖。

图 1－66　雪人盐和胡椒瓶

尽管这套由骨瓷制造的椒盐瓶的造型和圆孔很简单，设计师安积伸却在把玩着抽象事物与卡通造型之间的界限。让这两个具有东方风味的小雪人成为餐桌上的精灵。

1.3.3 BEDROOM（卧室）

1.3.3.1 点燃快乐

灯光总是伴随着我们生活的步调。当我们在办公室里，日光灯让我们保持理智，照着行事历的提醒努力工作；当我们回家时，离开理性的日光灯，那些温馨的暖色调灯泡能让我们摊在沙发上；餐桌上的吊灯，明亮而轻松，让我们能尽情享受佳肴；家中的小角落，一些有趣的小灯可以制造惊奇的效果，为了方便妆点小角落，最新趋势的小灯甚至采取充电功能，可以像手机一般随手带着走，这些可爱小灯装满有趣的点子可以改变主人的情绪。而这种心情放诸世界皆同理，主灯虽然是一个家的灵魂，但小灯的创意设计、可爱的造型、惊奇的灯光变化，也能造成惊艳的效果，让我们回到家走到卧室的某角落时，不经意嘴角扬起来，露出同事在日光灯下见不到的神秘而满意的笑意。（图1–67～图1–72）

图1–67

图1–68

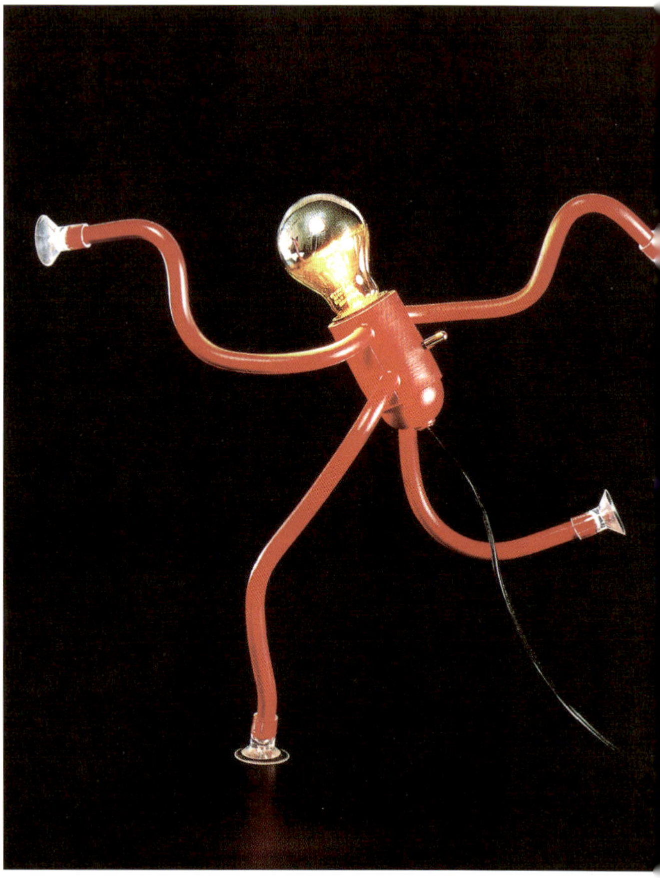

图1–69

图1–67　手袋灯

粉红色的手袋灯，可以随意提着走，灯光从灯型的窗口小心地探出头来。原来两件极其普通的物品，组合在一起也能创造出别有意味的崭新产品。

图1–68　鲜花灯

“让光如花一般绽放”是设计师的愿望。而要实现这样的愿望，方法很简单，那就是让灯穿上一件花样的衣裳。美丽的花朵就能在温暖的光线中盛开。

图1–69　EDDY 随意搁置灯

马克与柏尼力设计的EDDY 灯是幽默设计中的典型例子，它没有高科技的因素，有的只是搅乱传统“GOOD DESIGN”的想法。EDDY 被塑造成人体的形状，四肢都配有吸盘，这样EDDY 灯就可以自在地以各种有意思的形态存在了。

图 1—70 Garlands 系列灯具

Garlands 系列灯具出自设计师 TORD BOONTJE 之手。打开这样的灯具，就好像在阳光下长出的金属的花草植物，热烈而美丽。这些肆意绽放的鲜花是由镀氧化层的亮金属做成。

图1－71　冰砖灯

芬兰新一代设计英雄哈里·考斯基宁凭借冰砖灯获得了国际设计界的喝彩。这只外形看上去就像嵌在冰块里的简单的灯却是经历了一系列的技术研究才成功的，它机巧而有趣。成为许多年轻人的新宠。

图1-72 书本灯

把灯当作书本放在书架上，是为了打破平常的照明习惯，也是为了让满墙的书架在夜晚充满情调地炫耀自己，也许灵感就在这其中闪现。

图1－73　性别靠垫

泰国家居品牌PROPAGANDA出品，黑底白图案的靠垫单个看都不太出众，但如果将四个摆在一起，幽默就会立刻显现了。因为这组靠垫不仅有男女之分，还有男同性恋和女同性恋的一席之地。

图1－74　橡胶门档

来自日本＋D的设计，让随手丢的香蕉也能有大用处。当你的朋友来探望你时，见到这个有趣的门档，一定会忍不住偷笑几声的。

1.3.3.2 幽默卧室小对象

我一直觉得很不公平，为什么评论家总是对于会逗人笑的电影不给予尊重，或是应有的地位。我总觉得编剧、导演、作家、艺术家常喜欢把人弄哭，但我总觉得逗人笑总比令人掉泪还难，若好的作品有悲苦人生的力量，应该还要有笑看人生的开朗。当你在最隐私的空间——卧室里，除了浪漫和平静外，不妨加点幽默，不用管评论怎么说，就算会谈起难堪性的话题，也不妨哈哈一笑。取笑别人的幽默会一不小心刺到人，学学开自己的玩笑吧！看看设计师开玩笑的功力。(图1－73～图1－76)

图1－75　××衣帽架

××衣帽架由Josh　Owen设计，名字就来源于最后的形态"××（叉叉）"。它由两个单元交叉组合而成，最后实现了稳定性和实用性。它在造型上很有意思，也能满足使用上的功能要求。

图1–76 BEBA 夜灯

设计师创造BEBA 这个可爱的人物，这只精灵只会在夜晚出现，让人们夜晚熟睡时可以有安心的保护。延续ALESSI 一贯的可爱风格的小夜灯，也能让那些小朋友们晚上上厕所时不再担惊害怕。

图 1—77

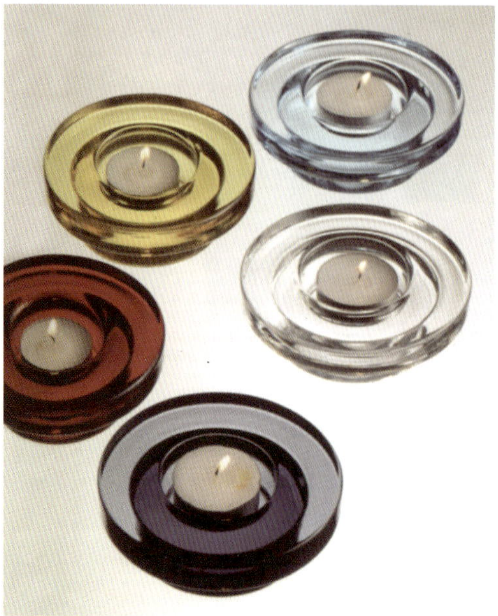

图 1—78

图 1—77　金属烛台

荷兰设计师布鲁诺设计的这款烛台，通过简单的造型完成另一种插蜡烛的方式。设计简洁而精致，为烛台带来耳目一新的形象。

图 1—78 LITTALA 小烛碗

哈里·考斯基宁设计的这一系列烛台，既具有斯堪的纳维亚极少主义设计风格，又具有现代气息和强烈的个人风格，因而受到设计界的推崇。

1.3.3.3 情调高手

厌倦了过于直白的现代电灯，泛着柔和光线的点点烛光似乎更能打动疲惫的心灵。那些原始中带着几分古典的幽幽烛火成为营造温馨氛围的神来之笔，在那些具有特殊意义的纪念日里，给家带来了活泼又灵气的别致气氛，令浪漫创意淋漓尽致地展现。不同的烛台摆放在不同的房间，随之带来的就是不一样的氛围和心情。很多场合如果配上一些蜡烛和烛台都会平添几分浪漫，情侣间的约会、朋友间的聚会，抑或是家人简单的西餐都可以在美丽精致的烛台中点上闪闪发光的蜡烛，也许不经意间就会发现，生活原本就应该充满一些这样的情调。随着新材料的运用、工艺的改进，再加上设计师大胆的构思和创新，烛台已经不再满足于自己简单的“托盘”身份，一跃而成了装扮房间的新角色。(图 1—77～图 1—81)

图 1—79 LITTALA 琉璃烛台

哈里·考斯基宁设计，高高的造型搭配上晶莹剔透的琉璃材质，让小小的烛台也能成为优雅的贵妇。

图1-80 环烛台

环烛台（LOOP）通过巧妙的设计，可以随意上下调整烛光。魔术般的奇异效果，为生活增添情趣。丹麦经典家居品牌GEORG JENSEN出品。

图1-81 连体蜡烛

马克·塞图要让燃烧的蜡烛变得更加有趣，于是设计了这四款造型别致的蜡烛，让蜡烛和烛台连在一起，省去了为蜡烛搭配烛台的烦恼，蜡烛燃烧时，还能因为形态的变化产生不同的光影效果。

1.3.4 BATHROOM（卫生间）

1.3.4.1 洗刷刷浴室

对大多数人来说，泡澡是最舒畅的事，因而现代浴室在家的地位绝不亚于卧房。然而家居产品设计师们挺为浴室抱屈，浴室在很多人眼里是最没有生活情趣的一角，许多人会费心思在餐桌摆设上，或尽力美化自己卧室的每一角落，或者大手笔增购家具及大型视听用品在客厅，但浴室在家的地位常落得像是小媳妇的角落。还好设计师们是不会忽略浴室的地位的，在这些产品设计师的激荡下，就算是马桶吸盘、马桶刷具也能变得很有幽默感。他们常常会期望当使用的人卷起衣袖，趴下开始动手清理浴室时，会被这些创意的设计逗得发笑，毕竟谁又能想得到马桶刷、海绵架、浴台水塞、浴帽都能这么有幽默感！(图 1−82～图 1−86)

图 1−82

图 1−83

图 1−82　方形卷纸

坂茂设计的这种方形卷纸，在使用时能产生有效抵抗力，因此不会拽出多余的纸。同时方形的断面，体积被压缩，就具有提高储藏和运输效率的优点，既环保又经济。

图 1−83　救我！水塞

泰国家居品牌PROPAGANDA 出品，当水池里的水渐渐满起来时，一只手伸出来向你求救。这样的设计，想必会让那些心情郁闷的现代人也泛起一丝笑意吧。

图1－84　卫生纸镜盒

德国KOZIOL 出品，水滴的造型，打开水滴就是一面镜子，同时水滴形的盖子也可以防止卫生纸在浴室被弄湿，可以说是一款独具创意也很实用的两用卫生纸镜盒。

图1－85　啪嗒啪嗒水龙头

这只可爱的小企鹅会提醒人们水龙头没有关好。如果水一直流，它的翅膀就一直啪嗒啪嗒地挥动着。这样的设计很讨小孩子的喜爱，能起到帮助小孩养成节约用水的习惯，也能让他们爱上洗手。

图1－86　跳水马桶吸盘

设计师Stefano Giovannoni 为ALESSI 设计的这个马桶吸盘灵感来源于英文Plunger（Plunger 既指马桶吸盘，又指跳水者）。当马桶被异物塞住时，这个马桶吸盘就会一头跳下来拯救你了。

1.3.4.2 镜中人生

人类对于美的追求自古就有，而能欣赏到自身美的最好方式就是通过镜面。因此，在人类的历史中，总是不乏镜子或其他替代物的身影。如今，镜子成了我们生活中必不可少的部分，试想如果没有镜子，我们的头发将会乱糟糟；如果没有镜子，我们的衣着就会不再整齐……在现代这种快节奏的生活压力之下，城市白领们更是将这一面可大可小的魔力镜面看作增强自信的神秘武器。善解人意的设计们当然不会放弃这个表现的大好机会，他们神奇地让镜子拥有沐浴光线般的闪亮效果。设计师们化解了镜子的原始功能，将它切割成不同形状镶嵌在墙面上，于是，镜子便不再是照漂亮脸蛋的道具，而成了精致生活的新兴元素。(图1–87～图1–91)

图1–87　镜子时钟

荷兰PRESENT　TIME出品，这个镜子时钟可以解救人们梳洗打扮时不知道把握时间的苦恼。具有镜子功能的钟是通过液晶显示来实现的，这样不管是在浴室还是梳妆台，人们不会再忘了时间。

图1–88　自己镜子

来自瑞典的CKR三人组合设计的这款简洁而雅致的镜子，自己就带有一个不同寻常却颇有用途的框架，既是装饰，又能搁东西。这才是做到了“自己的事情自己办”。

图1–89　5′11镜子

5′11镜子是一个镜子和衣架的结合体。镜子的高度是超模的身高：5英尺11英寸——当今完美女人的象征，镜子的宽度细窄得如同一根线。这就是大众传媒对于女性完美形象的塑造，也是汉森对这一现象的嘲弄。

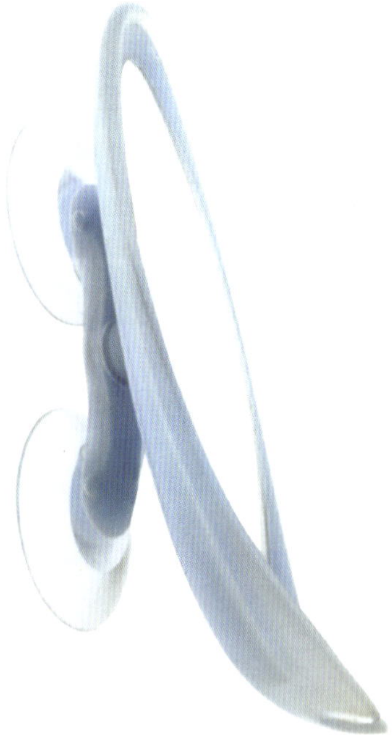

图1–90　OXO卫生间防雾镜

SMART　DESIGN设计，防雾镜上就装有一个能够灵活调节的球状转轴结构，适当调整转轴就可以满足不同高度人的使用。镜子能通过吸盘固定在墙面，也就具有更大的灵活性。

图1－91　你好，美人镜子

丹麦设计师坎贝尔专为派对女孩设计的镜子，站在这样的镜子前打扮自己，保准一扫晦暗的心情，当然能把自己装扮得光彩照人，信心十足！

链接：

家居设计的情感化趋势

我们生活的时代，物质产品极其丰富，生活节奏日益加快，高新技术产品不断涌现。在享受方便与快捷的同时，也把人们置入了一个永无休止的技术空间，无助、无奈和恐慌是这个时代带给人的最深刻感受。在满足了基本需求的情况下，人们开始变得更关心情感上的需求和精神上的慰藉。情感化设计则如同轻柔的春风，给平静而枯燥的生活带来了新生。它超越了过去对人与物的关系的局限性认知，向关怀和满足人的情感和心理需求方向发展。即在人与技术之间寻找一个平衡点，它缓解了人们对高科技的恐慌，使人更容易地接近高科技产品，并从中满足了自己的需求。在设计中表达人文思想，满足人的精神需求，关注人类的生活环境和生活方式。然而，它不是一场设计运动，也不是一种设计流派和风格，它只是人类在改造世界过程中始终追求的目标。可以说情感化设计是一种追随人的设计哲学，它没有确切的开始，更不会有终结。人是有情感的社会群体，现代家居产品设计是一种深入人心的、关怀生活的人的造物活动。产品发展到现在，不再是一种单纯的物质形态，不能够看做是单纯的一种物的表象，而应当看做是与人交流的媒介。

就如同泰国Progaganda出品的天鹅湖水果盘(图1—92)，跳天鹅湖的水果盘能为餐桌带来优雅的气氛。而且舞裙之下春光无限，因为拿开舞者，在舞者的裙子下面其实是吃水果用的小叉子。这种对于“性”这一主题的隐喻，不得不再次让人感叹情感化设计的奇妙。而同一系列的天鹅湖擦手巾(图1—93)，那穿着白裙子的舞者，不再孤单跳独舞，此时在墙上有位忠实的舞伴——挂钩，等待适当的时机将她举起；而当你的手不小心弄得脏兮兮时，她就会大方借出她的白裙给你擦拭，只是记得要帮她洗干净。这些孩子气般的设计不仅能让人开怀一笑，也能使人静下心来琢磨设计师的奇妙用心。事实上，还有许多的精彩的设计正在等待着被介绍、被熟悉。它们是那样的怪异，却又往往能很容易地被消费者所接受。虽然它们往往体积较小，但这些设计师们却有办法让它们从不安分。因此，纵然人们对情感化设计还不了解，但好的设计其实就是style，而style没有好、坏，只有喜欢与不喜欢，而成功的家居产品设计就是要拥有让人过目不忘的魔力，带给人们无限的乐趣与欢笑。(图1—94～图1—96)

图1—92

图1—93

图1—94　天鹅湖清洁组

泰国Progaganda出品。跳着美丽的舞蹈做清洁，这样的扫帚和簸箕是不是很出人意料呢？美丽的舞者让令人厌烦的打扫工作变成一种趣味，这就是情感化设计的奇妙之处。

图1－95　天鹅湖糖果罐

每个人在孩提时代都有一个梦想，那就是有一个自己的糖果盒，里面放上五颜六色的糖果，把自己最甜蜜的回忆封存起来，在某个时刻和最亲密的朋友共同分享。泰国Progaganda 的天鹅湖糖果罐就是为了实现这个梦想而诞生的。

图1－96　水果妈妈果盘

这是ALESSI 和斯蒂凡诺·乔凡诺尼第一次合作的作品。这个由塑料和不锈钢制成的水果妈妈，是像一个欢迎的大手举着苹果呢？还是像一个“新品种的苹果树”呢？想必这样的果盘应该能够使气氛更加活跃吧！

1.4 如何进入家居产品设计

要成为一名成功的家居产品设计师，就需要有良好的技术背景和艺术背景，需要广博的知识，需要良好的理解力和悟性，这样才能适应多变的设计环境，培养良好的判断力。因此，如果想成为一名成功的家居产品设计师，你就需要敏锐的观察力，善于发现问题，善于创造性的解决问题，一句话，你需要一个好用的脑子。

图1—97
LUSH LILIES 饮料盘 1997 年 维斯 · 贝哈设计

虽然，家居产品设计确实需要以上的这些条件，然而如何涉足家居产品设计、如何处理和运用各种设计技法却是因人而异、各不相同的。因此，运用的恰当性和重要性就显得尤为重要了。

对于一些人而言，家居产品设计是他们对工业设计爱好的延伸，因此工业设计的技法和经验就成了他们着手设计的基础；而对另一些人来说，他们对设计的向往来源于想用一件漂亮而独特的产品装饰他们的家以表达某种内心的情绪，而他们也许并不认为有必要去培养自己的专项技能。

但是，无论你是如何涉足家居产品设计的，都必须明白设计与生活密不可分。生活就是设计，设计就是生活，生活不息，设计不止。你的生活就是你的设计的一部分，如果生活枯燥而乏味，那么好的创意也就很难来到。最后，还不得不强调一点，热忱和付诸实践都是家居产品设计必不可少的要素。(图1—97)

1.4.1 描绘能力

家居产品设计也许并不要求具有很高天赋和专业性的绘画能力，但设计师不可避免地要通过二维视图来描述一个物体、一个设计主题，或者一个制作过程。这些视图也许是给设计师们自己看的，也许是给其他一些人看的。在设计过程中，这样的图纸也许就是设计师与各种辅助人员

(例如工程师、委托设计者……)之间的一门交流语言。

1.4.1.1 交流与学习

绘画在家居产品设计中是一项不可缺少的技巧。它是交流的必要工具，而且被应用于设计过程的各个阶段。在设计的最初阶段，绘画主要用来记录创作灵感、设计变化的过程，落实研究和视觉理念。到了实际制作阶段，设计师们经常运用绘画来注解技术方面的各种要求，以便在开始制作成品前定稿。

1.4.1.2 绘画风格

就像绘画可以用于多种用途，在设计过程中也会有很多种绘画风格。你必须确立你设计的目标——你想传达的视觉信息是什么，你想把信息传达给谁，这样才能采用适当的绘画风格来表达。例如设计草图通常用来记录和捕捉你的灵感和理念，也可以用来拓展灵感和理念，因此它是设计过程中至关紧要的元素(更多关于素描的论述请参看第二章第三节：表现与阐述)。

为了深入而精确地传达信息，完美而真实地阐述你的意图，并实现它们，则要求有更加精确的绘图风格。例如，某位顾客在正式委托你设计之前，要求先通过设计草案，这时就需要一份成品示意图。这种示意图通常是先于成品创作出来的。

1.4.1.3 精确绘图

富有技巧和规则的绘图常用于制订详细的图稿尺寸和细节处理，以便第三方能准确了解你

图 1—98
洗发液瓶　2000 年　维斯 · 贝哈设计

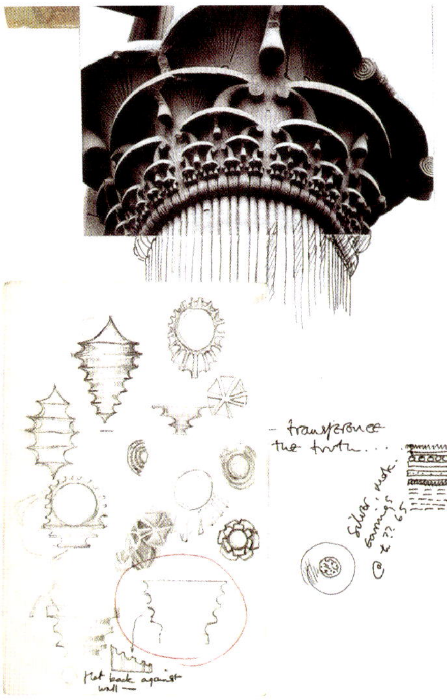

图 1—99
草图是创作灵感的真实积累。

的设计意图。技术性的绘图是一种用来表达设计细节的通用语言。一件设计作品可以通过不同的透视角度进行详细的展示，以便联系和检查各个设计细节的可行性。倘若你的设计是由第三方制作完成的话，那么精确绘图就尤为重要了。因为如果你不详细准确地说明你的要求、制作成品时，特别是实际生产中就很容易出现错误。显而易见，一个人要避免犯错误，就必须经常与人交流，以便你确保没有任何犯错误的可能。

1.4.1.4 生活化绘图

家居产品设计是以人为中心的，因此生活化绘图对于家居产品设计师来说就是至关重要的。通过大量对生活场景以及人体的描绘练习，设计师可以获得必要的知识——生活特点、使用状态、人体尺寸和个体差异，这些都是设计家居产品时所需的宝贵资料，它可以使成品易于使用并符合人体工程学。(图 1—98、图 1—99)

1.4.2 速写本

记录设计过程是非常重要的。一个设计师的速写本就是记录设计历程的日记本，它记录了日常观察所见和视觉联想以及从中探索和拓展出的灵感。设计师应当养成随时涂涂抹抹的习惯，因为灵感的迸发也许就是瞬间。及时抓住并记录下这些可能是跳跃的、毫无关联的奇思妙想，也许在日后就会派上大用场。

1.4.2.1 现实的考虑

由于速写本将成为有价值的文档资料，建议选用硬皮的、持久耐用的本子，以便经受得住时间的考验。有硬皮而纸张优质的速写本是最佳选择；螺旋形装订边的本子很容易破碎，纸张容易丢失；然而类似便笺簿的速写本使用久后容易产生散页现象，资料也就容易丢失或者散乱无序。

速写本的尺寸则完全可以因设计师个人的喜好而定；有人感觉大纸张给人压迫感，也有人觉得小纸张令人拘谨。假如你喜欢用大开的速写本，那么也许有必要准备一个小开本的本子。因为它便于携带，你可以到哪里都带上它，有灵感时随手拿出来记录—— 你永远不会知道你何时需要记录下一个重要的灵感或图像。而这些灵感或一些想法也许只是在你的头脑里稍纵即逝，或许只过去几小时，也有可能再也想不起曾经的IDEA。

1.4.2.2 积极的和愉悦的

设计师在整个设计过程的各个方面都要用到速写本。在你把某个灵感变成作品的过程中，你会在速写本上填满你的想象、草图和心得，这时你一定要记得突出最重要的主题。为了在每一页速写上阐明重点，可以使用简单的符号，比如画重点线、增加颜色、圈出细节，用画中画或高光线来突出相关的重点部分。这能确保你在多年后，也许是在淡忘了最初的创作激情和意图时，仍然能读懂它所传递的信息。

你还要考虑到，速写本在视觉上越生动，就越有可能闪现更多的创作火花。然而，有一句话要提醒你：当你开始使用一本速写本时，你可能想把每一页的内容都变成艺术品，这样就会妨碍你随心所欲地速写和体验其中的乐趣。你应该试着把速写本当做一种工作工具，它可以很实用，也可以很美观，他可以是杂乱无章的，也可以是工工整整的。尽情享受使用速写本可能比过分地依靠努力工作，更有可能使你获得传世佳作。(图 1—100、图 1—101)

1.4.3 视觉记录

一本关于视觉世界的记录，提供了一个设计师的个性设计语言。一本视觉记录使家居设计师们能够有效地把视觉上的、前后有所关联的东西变成现实或加以利用——是一种用来形成分析、鉴定、品评和组织的工具。

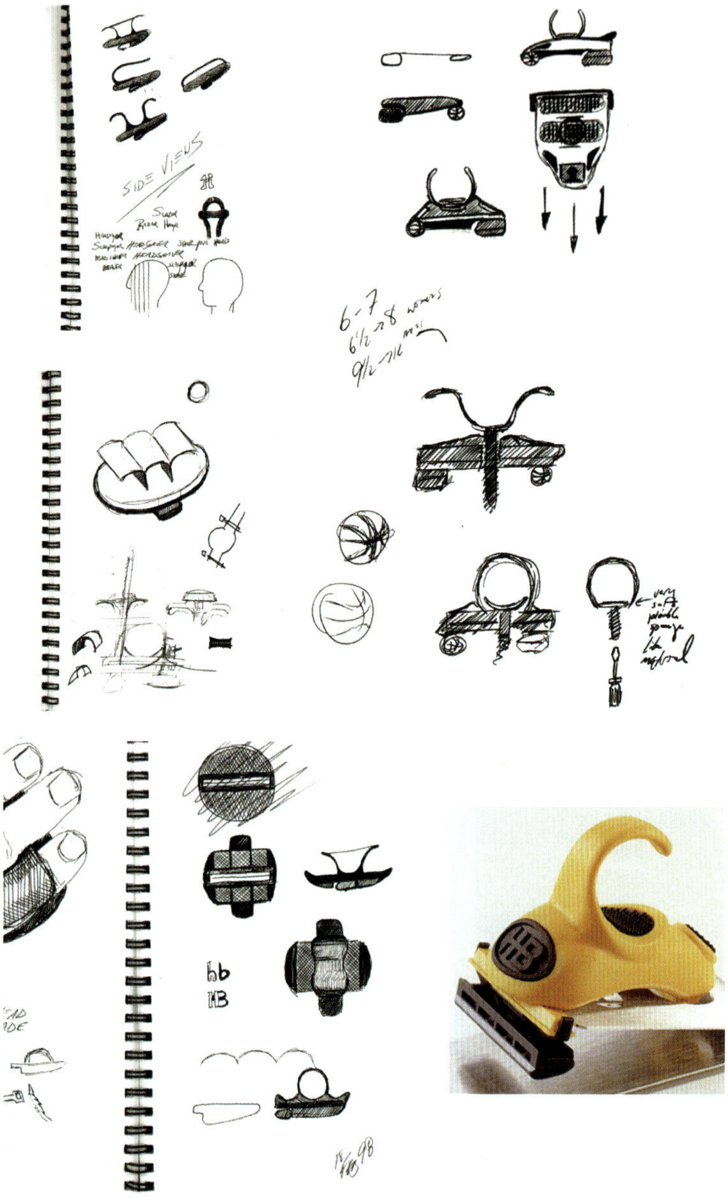

图 1–100

托德·格林一边想象手能与头接触的方式，一边开始速写簿上的设计。一款专为喜欢自己剃头的人设计的剃刀就是这样诞生的。

图 1–101

有时一些毫不相干的图片，也有可能成为一款好设计的灵感源泉，所以速写本上也可以做一些剪贴性的素材收集。

1.4.3.1 个性语言

有创意的家居用品设计师应该总是能意识到那些会形成和发展他们个性设计语言的景象、经历和理念。视觉记录常用于系统的记录和整理这些信息。在你的视觉记录中，你应该钻研更广泛的事物，了解更深厚的文化底蕴，探究客体、主体、位置和经验的潜能，并努力弄清楚你所收集的材料与你的设计有什么样的关系以及怎样利用它们来形成进一步的设计理念。

当你发现那些刺激你的视觉感官、情绪和才智的信息时，你应该坚持进行孜孜不倦的分析整理——这对于理解你对收集到的材料的感觉和想法是至关重要的（请参见第二章第二节：寻找完美创意）。设计是一种把你天生的本能与感知过程联系起来的方法。伴着那种油然而生的、对视觉世界的意识和发表观点的能力，你就可以开始逐步发展你自己的设计哲学了。

图 1—102

对其他设计领域的感受，和对各种事物的共鸣，都可以用视觉纪录的方式保存下来。

1.4.3.2 内容与功能

在你的速写本里记录下包括视觉或其他富有灵感的材料是有可能的，视觉记录充当了另一个微妙的、不同的角色。在你的视觉记录中，记录的内容也许还不可能马上与你要设计的理念或结果联系起来。它是一份记录，记录那些曾经鼓舞和刺激你的东西。把它比做一本日记，甚至是一本剪贴簿，也许更为贴切。速写本以视觉的形式折射出你对事物、经历、挑战和事件的个人反应，这些视觉记录上的信息应该延续和拓宽你的设计理念，以便成为你工作的核心资源。

你很有必要建立一种适合自己的思维方式和工作习惯的视觉记录形式，以便保留和使用这些信息。它应该集中拓展和探究视觉和设计领域中的方方面面，而且要着重强调增长你对形态、质地、空间、线条、功能、重量、材料以及工序等各方面知识的了解。它有可能综合草图、图表、效果图、样品、实物、照片、文献、哲学，事实上是一切激发你灵感的事物。（图1—102、图1—103）

图 1—103

剪贴、素描和照片纪录，在将来会极具参考价值。

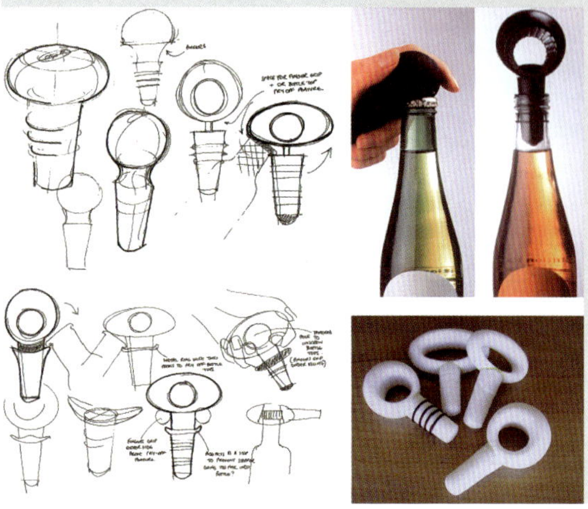

图1–104
戈弗雷为OXO设计易握型瓶塞式开瓶器时，认为草图可以帮助她分析形态，寻找更好的方案。但这离一个完整的产品还很远。

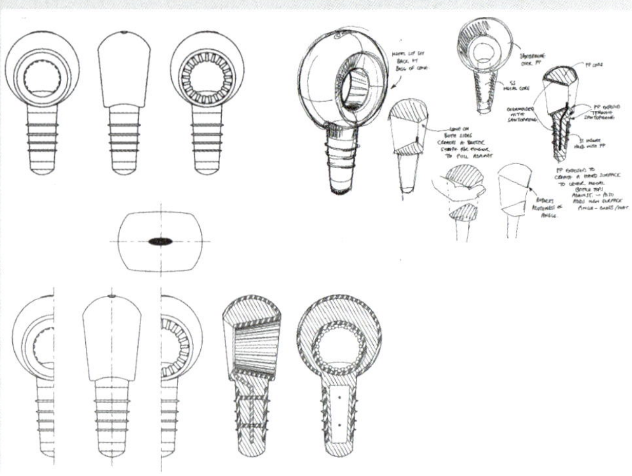

图1–105
为了实现她的设计，戈弗雷还绘制了技术草图，以分析材料和构造，以及它们对产品美感的影响。

1.4.4 技术记录

技术记录专门用作记录技术性工序、研发和成果。它有助于完善设计过程和集中于成品制作。

1.4.4.1 实用参考

像速写本一样，技术记录也是服务于特定用途的。尽管这样，它也是学习和研究建立在技术问题基础上的理念。可以把技术记录当作速写本的一部分，但对于那些既要保存又要精选加以分离及收集的信息会更加有用。

如何做你的技术记录完全是你个人的选择，也部分取决于你所处的工作阶段和所用的工作方式。对一个听课的初学者来说，技术工作记录对记录那些你需要特别注意的要点很有用处，当然以贴切、有个性的方式。

学习一种新技巧的时候，你也许发现笔记本比课本更有促进作用，因为笔记本更像是为你自己量身定做的一样。如果遇到问题，将它和解决方案一起记在你的记录本上，这样下次再遇到同样的问题就不会再犯这样的错误。

如果你把技术工作记录看做是你工具箱的拓展，那么做技术工作记录并不困难——无论你是坐在休闲的长椅上还是在工作室，它都将在手边记录下整个过程。家居产品设计是一个复杂的行业，最重要的一点是，技术因素要作为设计过程的一部分被考虑和展开，这样才能设计出成功的设计作品。

1.4.4.2 锦囊妙计

在制作之前，你可能需要计划好技术要求，因此记录本可能要包括指定的材料资源以及适当的技术信息、样品、试验和成品。健康和安全信息也要注明，以防发生意外。手艺精湛的手工匠通常也使用技术工作记录来记录制作过程，当然会包含一些需要改变的地方以及不同元素，以方便重复制作或改进成品。技术工作记录也是记录各种材料的重量、价格、特性等数据的一种好方法。某些信息诸如模具和加工工艺，也可以作为附加记录保存下来。

这样的全面记录在将来我们开发新产品设计的时候是非常有价值的，它们可以提供有价值的信息；在重新制作一件作品的时候，它们也可以是一个“锦囊”。在工作室里测试和开发一项设计时，正常的工作状态很容易使人苦恼和困惑，重要的工作程序容易被忽略，实用的信息也容易被遗忘。技术工作记录就是一种避免重蹈覆辙的方法。(图1–104、图1–105)

1.4.5 手工技能

这是一项通过特殊训练获得的实践性技术，它用于制作样品、试验品以及成品。

1.4.5.1 基本知识

严格地讲，手工技能不是设计家居用品必须掌握的，但是，扎实的工艺和材料知识以及各种与家居产品相关的技能，确实有助于设计师对产品的准确估计，有利于更精确的设计，在整个设计开发过程中也是非常有用的。

尽管一个设计者可能不会亲自动手制作成品，但如果他能够制作样品、试验品、技术试验品、模型以及原型等，将会对设计本身有很大的帮助。作为一个专家，事事亲为并不是必须的。事实上，家居产品制造有很多个分支，如果不花上大量时间进行深入学习和实践，是不可能真正全面理解全部专业技能的。但是，一个好的基础是非常重要的，它对你理解设计中可能用到的有关材料和工序或技术特点与局限性都很有帮助。(图1—106)

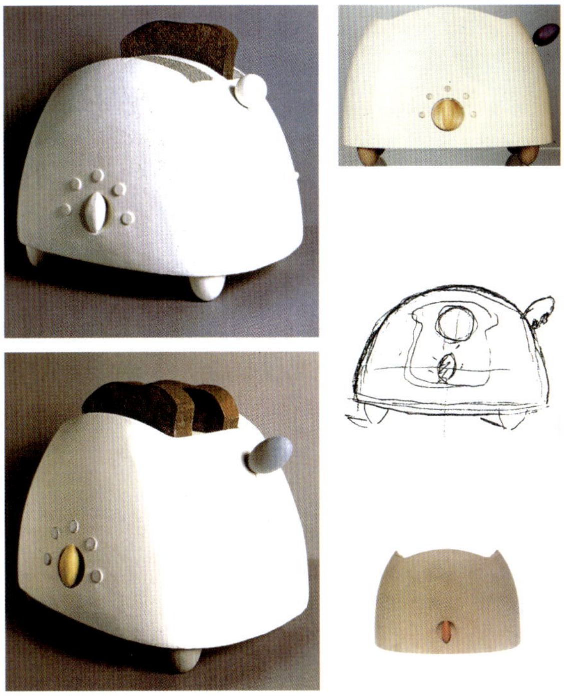

图1—106
米歇尔·格雷夫斯为TARGET公司设计的这款烤面包机能大获成功，很大部分的功劳要归功于设计师反复制作模型来验证设计的可行性。直观的三维模型有助于各行各业的人认识这个还在研制阶段的产品，也有益于设计师得到更多有帮助的反馈意见。

1.4.6 旺盛的创造力

创造力就是设计师最大的财富，爱因斯坦说："创造力比知识更重要。"设计师就像一个母亲，他酝酿了一个产品的诞生。

1.4.6.1 创造生活

当设计师的笔在纸上划过的时候，他是在创造一种生命，创造人类的生活方式。环顾你的四周，你周围的哪一件物品不是凝聚了设计师的创造。设计的过程就是创造的过程，设计师的生活就是创造的生活。设计师每天都在进行创造。没有哪一种职业像艺术和设计工作者那样依赖于创造力。英国哲学家罗素把创造看做是"快乐的生活"，是"一种根本的快乐"，设计师的生活无疑是一种快乐的生活，而这种快乐的潜力是无穷的。伊顿说："除非一个工业设计师的创造力被完全充分地发挥出来，否则，怎么能每天都创作出新的图形来呢？"但是，创造力不是天生的，它需要有意识的科学训练。善于动脑筋的球手总是经常研究各种球技，而后不断实践，并与某种理想动作和姿势作比较，查阅有关的专业书籍和资料，观看其他球手更具特点的技术，这样才能不断提高技能。创造力同样必须在有意识控制和训练的努力过程中得到提高。

设计师在实践中往往形成自己独特的思考方法和设计技巧。这可能是一种工作环境、一种创造技巧，甚至是个人的怪癖。就像席勒喜欢把腐烂的苹果放进自己的书桌里，普鲁斯特经常工作在一个软木房间中，肯特喜欢裹着毯子在床上工作一样。总之，这是一种秘而不宣的仅对自己适用的方法，保证自己进入一种很好的创造氛围。

创造既是破坏，又是建设。设计师要敢于打破陈规，打破秩序，敢于承担风险。设计师没有固定的创造模式，创造就是回到事物的原点，没有参照和规矩可循。具有创造性的人具有很强的洞察力，拥有广阔而灵活的意识；具有创造性的人比一般的人表现更加原始，也更加有素养，更具破坏性和建设性，更加疯狂和敏捷。

设计师是一个有能力的问题提出者。在自己的想法还未得出结果之前，不要养成把自己的想法当作唯一正确的习惯。设计师对于别人的意见和批评应该友善，应该理解想法产生之不易，即使这些想法没用，也应该尊重他人。不要过早地进行分析、判断和综合，否则会失去很多有益的想法。不断地产生新奇的想法，想法之间相互碰撞，才可能充分地拓展各种可能性，才可能综合出好的方案。有时看似荒谬的想法也有其内在的合理性，或会激发出崭新的设计思路。

尽管很多人都知道现有晾衣夹的弊病（包括铰链容易断和每一个夹子都必须由三个部分组成），但很少有人试着改变这种现象。安科纳设计团队成为改变者，这款衣夹有一个内置的弹簧，这样它的部件就从三个变成了一个，它可以

像传统衣夹一样用，也可以让夹着的衣服在绳子上自由滑动。（图1-107）

塔格特从贝壳得来的灵感，让一种更为方便的CD存放器风靡全球。它尺寸小、重量轻，更为重要的是它的厚度相当薄，所展空间只有传统CD盒的一半，但存储空间却是后者的两倍。(图1-108)

1.4.7 饱满的激情

设计是一种有目的、有意识的造物行为。一个设计师在掌握基础技能的同时，还应具备饱满的激情和足够的热忱，才能圆满地完成设计这个既愉快又伴随着艰辛的造物任务。

1.4.7.1 与激情对话

任何设计都不会具有固定的模式，按部就班地去做，并不一定就能实现事先拟定的目标。同样，家居设计的过程，更加需要饱满的热情。在材料、技术与灵感的碰撞过程中，激情就像一针催化剂，加速设计目标的实现。只有对设计、生活充满激情的设计师，才能够创造出激动人心的设计。家居设计的过程正是与激情不断对话的过程，灵感稍纵即逝，设计师需要激情去把握、创造更多的灵感。

激情的一部分来自于对生活的热爱。家居产品设计以生活为舞台，需要设计师对这个舞台有着充分的了解，这些了解正是建立在热爱设计、关注生活的基础之上的。设计师应细心关注生活的点滴，体会生活的酸甜苦辣，将自身对生活的理解以“设计”这种特殊的语言表达出来。人们才能通过手中的产品，实现同设计师之间心灵的沟通，感悟设计师对于设计、对于生活的那份真挚的爱。

而激情的另一部分同样也是来自于“爱”，那就是对家居产品设计这项工作的热爱。一名出色的家居产品设计师需要了解的知识、学科不仅多，而且跨度大，涉及自然科学和社会科学的众多学科领域，包括材料学、数学、仿生学、生理学、光学、色彩学、声学、人体工程学、工艺学、环境工程学、哲学、技术经济学、市场学、心理学、价值工程学、系统工程学、生态学等等；同时它还涉及美学、技术美学、审美心理学、符号学等等关于艺术的理论。这样庞大的知识结构组合，也许就会让你感到单调、乏味与枯燥，在这样的情绪笼罩下，根本不可能产生出好的创意。所以，设计师只能凭借对这项工作的热爱，把家居设计当作是生活的一部分，当作人生不可缺少的环节，甚至作为人生最大的乐趣。这样，才会对家居产品设计乐此不疲。把设计、生活与谋生融为一体，这就是作为设计师的最大幸福。当然也可以将它看做是悲剧的开始，如果是这样的话，就请赶紧远离这个领域吧！(图1-109～图1-112)

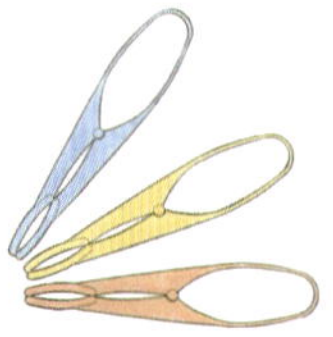

图1-107
艾卡固定型衣夹

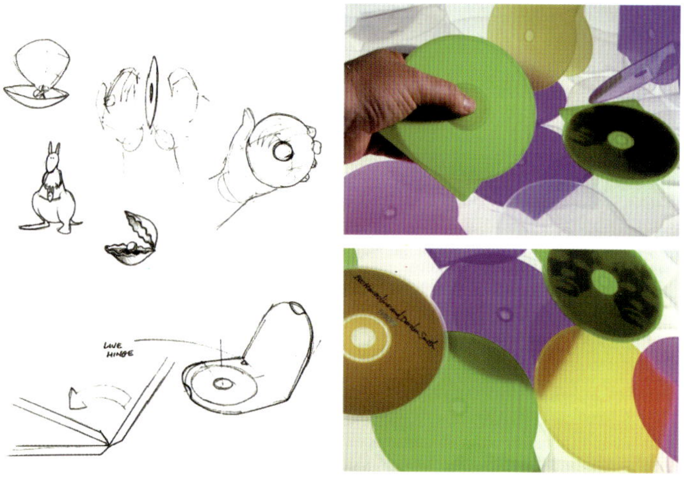

图1-108
C型CD夹

图 1—109

设计师海拉·琼格利亚斯为宜家设计的花瓶系列，每一只花瓶都有一种花纹，四只花瓶代表四大洲不同的文化图样和用色方式。

1—111　波浪衣架　叶朵设计

波浪形的凹陷处可以吊挂各式有肩带的衣物，好让比基尼或小可爱能好好休息，为主人明天的性感出击做好万全的准备。

图 1—110

ALESSI 为 2007 年圣诞节推出的一系列家居小摆设，让可爱的产品温暖人的心灵。

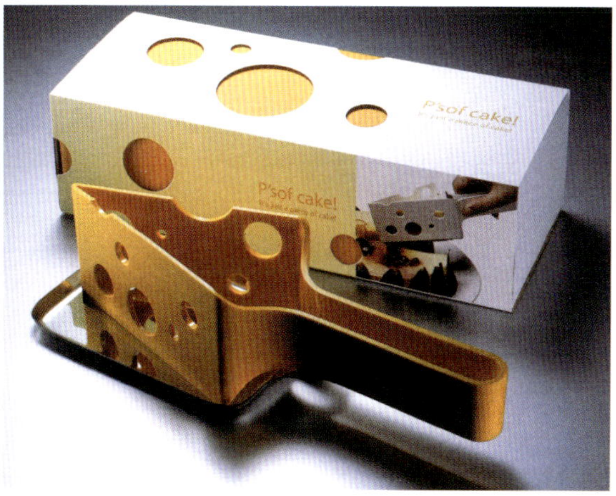

1—112　起司式蛋糕刀　磨得设计

一个工具可以完成切、夹、放三个动作，起司孔可以减少刀壁与蛋糕的接触面积，使蛋糕更容易释放，结合力学与美学，同时还能增加产品的亲和力。

链接：
艺术发展史上的各项著名流派、风格

Anti–design	反主流设计
Art Deco	装饰艺术风格
Art Nouveau	新艺术运动
Art and Crafts	艺术与手工艺运动
Bauhaus	包豪斯
Constructivism	构成主义（俄）
Contemporary Style	当代风格（英）
crafts revival	手工艺复兴
De Stiji	荷兰风格派
Design for Need	为需要而设计
Functionalism	功能主义（包豪斯）
Futurism	未来主义
good design	优良设计
green design	绿色设计
High–Tech	高技派
High–Touch	高情感
International Style	国际式
Jugendstil	青年风格派
Memphis	曼菲斯（意）
Minimalism	极简主义
Modern Movement	现代运动
Modernism	现代主义
neo–Modernism	新现代主义
New Design	新设计
Organic Design	有机设计
Pop design	波普设计
Post–industrialism	后工业主义
Post–modernism	后现代主义
Radical Design	激进设计（意大利）
Rationalsim	理性主义
Soft–tech	软高科
streamlining	流线型
styling	样式设计

链接：
国际著名家居设计网站

www.ikea.com	宜家家居主页
www.bagues–france.com	法国家居产品网站
www.black–blum.com	英国设计公司网站
www.ilto.net	家居产品网站
www.cinna.fr	法国家居产品网站
www.alessi.com	意大利阿莱西公司主页
www.leonardo.de	德国家居产网站
www.inov–france.com	法国家居展览网站
www.momastore.org	纽约现代艺术博物馆主页
www.koziol.de	德国Koziol 家居品牌主页
www.mono.com	德国Mono 家居品牌主页
www.hogri.com	德国Hogri 家居品牌主页
www.pa–design.com	法国PA 设计公司主页
www.droogdesign.nl	世界著名设计展览主页
www.wedgwood.com	维基伍德瓷器厂主页
www.propagandaonline.com	泰国Propaganda 家居品牌主页
www.evasolo.dk	丹麦Eva Solo 家居品牌主页
www.muji.com.hk	日本无印良品品牌主页
www.excite.co.jp	日本家居产品网站
www.georgjensen.com	丹麦乔治·杰森银器厂主页
www.michaelgraves.com	设计师米歇尔·格雷夫斯个人网站
www.philippe–starck.com	设计师菲利普·斯塔克个人网站
www.naotofukasawa.com	设计师深泽直人个人网站
www.idsa.org	美国工业设计师协会网站
www.icsid.org	国际工业设计协会理事会网站
www.ifdesign.de	德国IF 工业设计奖网站
www.red–dot.de	德国红点工业设计奖网站

第二部分 设计篇

第二章 家居产品设计过程的各个阶段

2.1 充分完善构思

2.1.1 生活的触须

“热爱生活是最好的老师”，热爱生活的人往往对生活质量、生活细节更加关注，他们每一个毛孔都在品味、审视着家中杂货铺的每一个角落是否有异样或是否称心如意，这是作为不管是职业家居设计师还是业余家居设计师应具备的潜质——有一颗爱心和一双敏锐的眼睛。换句话说，我们作为家居设计师最初的工作就是——懂生活。我们沉浸于琳琅满目的生活用品中，这是人与生活的交流、人与物的互动，只有会享受其中快乐与遗憾的人才更清楚人究竟在生活中想要什么，才会发现问题所在。我们的基础课教学，如素描、色彩等课程不仅是表现能力的培养，更重要的是观察能力的培养。老师的口头禅“先整体后局部，再从局部到整体”有助于练就敏锐的观察力。打开水龙头时，你可能发现由于水压太大而导致水花四溅，于是你触摸到了一个待需解决的问题；茶与咖啡是两种不同文化的象征，但东西方文化的交流不仅促进了人们对它们的认识，同时也模糊了两种文化的界限，因而端庄、持重的茶具是否能靠拢一下 80 后的现代人呢？或者说精致、典雅的咖啡家族能否更和蔼可亲一些呢？当我们的大脑在现实生活中与时俱进时才会发现新问题、才会充满疑惑。疑惑往往是梦想的前奏。敏锐的观察能力、先进的生活观念是家居设计师的生活触须。

2.1.2 蓝图规划师

有问题就要解决。问题的存在意味着潜在需求的存在、意味着机遇的存在。家居产品包罗万象，也最贴近人的日常生活，需求空间的无边界意味着机遇的频频光顾。怎样才能抓住它，除了能看到机遇在前方微笑，更重要的是行动力，也就是强大的实施能力。相对于交通工具等机构复杂的产品来说，家居产品设计的开发周期较短，因此，设计师就必须协调安排好与生产企业的设计周期，制定可行的设计计划以确保产品开发保质、有序、有效地进行。家居设计师是整个棋局的操纵者：项目负责人、设计人员、结构工程师等在他的调动下各就各位，在规定时间内完成各项任务。家居设计师不仅要有敏锐的感悟能力而且应有严谨的逻辑思维能力，以便确保计划的合理性、科学性。产品开发的成败是团体合作的结果，在机遇与竞争同时并存的情况下，制定周密的实施计划显得尤为重要，因此，计划的每一环节都应是丝丝入扣、紧密相关的。其中时间安排包括：市场调研、设计草案、方案评审、深入设计、模型制作、完成报告等，工作进度可参照下表：

设计计划进度表																				
项目名称										委托设计单位										
分项内容	说明＼天数	2	4	6	8	10	12	14	16	18	20	22	24	26	28	30	32	34	36	38
分析项目																				
市场调研																				
调研报告																				
设计草案																				
确定方案																				
深入设计																				
模型制作																				
完善设计																				
设计制图																				
完备项目																				

2.1.3 不打无准备的仗

做事的方法对做事的目的起到关键性的作用。在家居产品设计的情报搜集计划中，我们会手持多把“钥匙”来完成这一多线索的繁杂工作：①“路就在你嘴边”，询问是有效的方式之一，包括电话采访、书面调查、面谈、网上询问等。②“读破万卷书”，老老实实地查阅相关书籍、刊物、网络信息吧，虽说劳苦，但可信度较高。③“察言观色”，这就要劳驾你到销售现场或家中看看产品使用者的具体情况，检验一下自己的洞察力和判断力，信息可靠度可就靠你的观察、分析能力了。④“舍不得孩子，套不住狼”，先生产少量样品试销，同时发调查问卷，从反馈意见中获得情报，当然，此种方式适合用于低成本、工艺简单的家居产品。⑤“行万里路”，亲身体验家居产品对设计师来说是可靠的捷径。怀揣“叮当作响的钥匙”并不意味着你能把握市场的脉搏，因为我们还必须明确情报搜集的具体内容：①针对某一家居产品，使用者对它有什么样的要求，这是设计师要弄明白的问题，并且应抓住不同需求的共性因素，这是市场调研的核心内容。②产品成为商品，必然意味着销售，因此，同类产品、不同厂家的销售情况、质量、价格、成本等将是我们侦探工作的重心，“知己知彼，百战不殆”。③科技是第一生产力，所以相关科技情报如新材料、新工艺等新技术的搜集以及对厂家生产能力、生产规模、经营理念的了解将有助于我们引领家居设计的潮流，并少走弯路。

2.1.4 发现目标，完善构思

情报资料或许没过了你的头，这时清晰的思路有助于你完成归纳工作，提高分析问题的效率，命中设计目标。收集来的情报我们一般归为三方面进行分析：产品因素、使用者、环境因素。我们以设计家用电热毯为例：

1．产品因素：现有电热毯的状况——电场效应强烈、电压高，给人和宠物都带来危险。

2．使用者：使用者面对这些产品因素和寒冷的夜晚会产生何种需求以及愿意为这些需求付出什么样的价格——毯子需要无线遥控（成本增加）。

3．环境因素：为了减小电场效应，使设计的电热毯是低电压的，这样也就避免了对人的伤害，即便宠物咬破了毯子或弄湿了毯子也无妨——需要一个变压器（它成了仅次于遥控器设计的第二大物品）。（图 2–1、图 2–2）

情报有条不紊地摆在你面前，你的分析、判断能力又如何呢？家居产品设计中观察生活的一般思维模式：即从生活观念到生活方式，再从生活方式到生活观念。这是因与果的关系问题，运用这样的观察法我们便可直抵问题的根源。浓郁芳香的咖啡似乎是西方文化的象征，咖啡具是他们生活的必需品，而清爽淡雅的茶代表了一种东方文化，因而无论是陶瓷茶具还是其他材质的茶具在我国随处可见。家居设计师就像生活的侦察兵，一旦发现“敌情”，还能快速分析“敌情”。找出问题究竟是什么，诸多问题的主次关系又是什么，明确设计的核心问题，从而做出设计定位。一般来说，家居产品更多是从使用人群、特定地域来进行定位。设计目标定位的准确性直接关系企业经济效益、消费者生活品质的双赢问题。

确立了设计目标，我们的整体构想框架也孕育而出，就像黎明前的曙光——朦胧而肯定。

链接：

设计师聊创意

现代设计师必须是具有宽广的文化视角，深邃的智慧和丰富的知识；必须是具有创新精神、知识渊博、敏感并能解决问题的人，应能考虑社会反映、社会效果，力求设计作品对社会有益，能提高人们的审美能力，心理上的愉悦和满足，应概括当代的时代特征，反映真正的审美情趣和审美理想。起码你应当明白，优秀的设计师有他们“自己”的手法、清晰的形象、合乎逻辑的观点。

有限地消灭你的创意细胞。有时候你的所谓创意确实很漂亮，但做上去却很难有市场效应。就是不卖货，为什么？因为很多设计师不懂得从客户和消费者的角度考虑问题。只会把颜色配得维美，样子弄得很酷，但没有抓住营销的关键，这是设计师一相情愿的思维——自慰。抓住了视觉，却没有抓住受众。

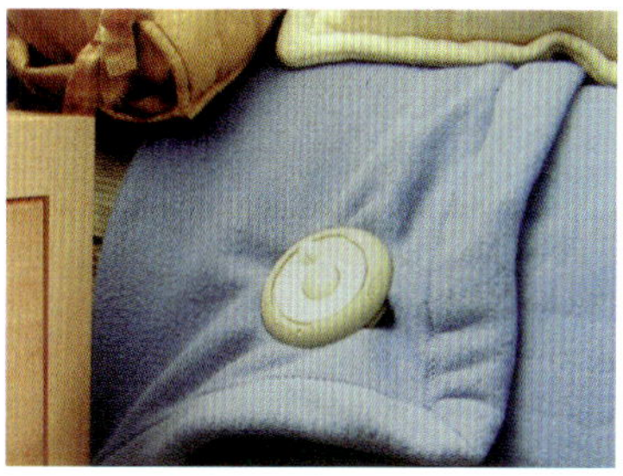

图 2–1 电热毯遥控器

可操控圆形遥控器可随时将电压调控到低于伤害人体的强度，并在意外情况下也能保证安全，可夹在电热毯上，方便在黑暗中找到它。

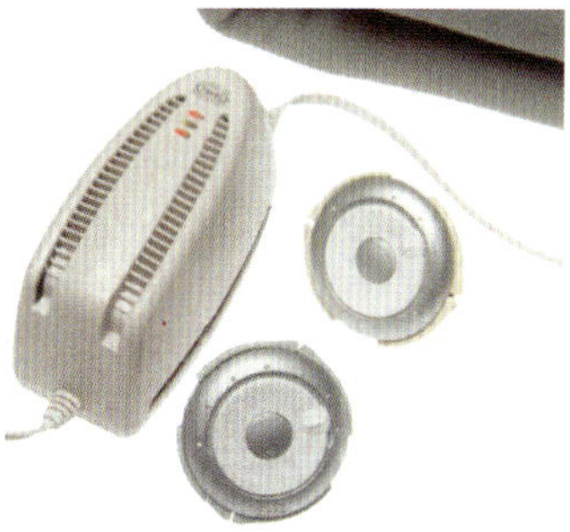

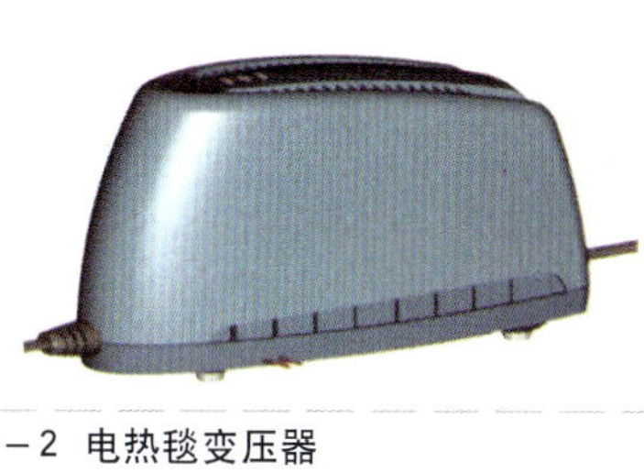

图 2–2 电热毯变压器

小巧的变压器，顶部有散热孔，确保变压器摸上去是凉的，给人安全感。

2.2 寻找完美创意

2.2.1 创新的特征

1．出其不意，用别人想不到的方式满足人人都想要的需求。2．先进性，不仅是外表出众，应在技术、性能等方面有实质性的进步。二者是考察创意百分百的尺度。（图2–3、图2–4）

2.2.2 创新的基因

动物养殖都讲究基因是否优秀，人是自身创造的产品，理应研究一下改进人类生存方式的创新基因。它不同于动物遗传基因，更多可能是后天影响的结果，比如人文环境、教育模式、宗教信仰等。如中西方茶具由于生活习惯、文化渊源的差异形成了完全不同的设计风格。（图2–5、图2–6）

思维好比是创意的“发动机”，它分为逻辑思维、非逻辑思维，就像发动机也有不同功效一样，前者主要有归纳、演绎、分析、抽象、综合等思维形式，后者包括直觉、灵感、想象、联想等思维形式。发散性思维主要产生于非逻辑思维，构成创新的千万条线索，当这些线索形成纵横交错的思维网时，我们运用逻辑思维的聚集性思维探索思维网的牵连关系，从而发掘其中规律性的因素，从容归纳、演绎出目标创意点。由此可见，逻辑思维、非逻辑思维都将在设计中发挥不同的作用，这也印证了艺术与科学在产品设计中思维的互补性。创意灵感的产生也并非空穴来风，它是以丰富的经验和坚实的知识为前提，是思索中的一种顿悟，正如周总理所说：“长期积累，偶然得之。”当然，不同知识对思维模式会产生不同的影响，但与创新并无绝对的关联，缺乏好奇心、爱心的人，知识于他只是死水一潭。因而，家居产品设计师还应该有一颗鲜活的“爱人如爱己”的心，爱是你永恒的创意源泉。（图2–7、图2–8）

2.2.3 条条大路通罗马

具备了创意的基本素养，我们还要掌握几种创意的技法：①“众人拾柴火焰高”，即“头脑风暴”法，首先，每组成员（以8人左右为宜）对设计的核心问题进行讨论，参与人尽可能畅所欲言，摆脱思维定式的局限，让思想尽可能处于自由驰骋的状态。其次，参与人互相之间严禁评判，因为过早地对别人加以批评有可能把一些看似可笑的创意扼杀在摇篮之中。最后，在求量保

图2–3 “为我脱衣吧”咖啡杯

喝咖啡的同时还有视觉享受哟，幽默地表达了人们普遍存在的窥探心理，增添了喝咖啡的新趣味。

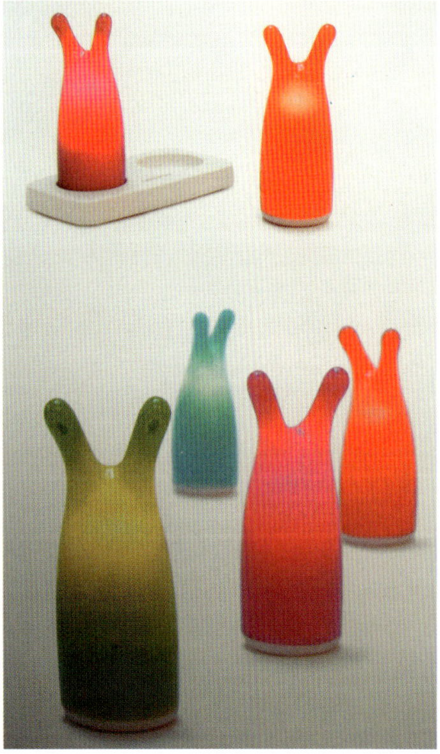

图2–4 调味瓶

对于每天都要用到的调味瓶，设计师也赋予了千变万化的风貌，调味瓶调解的不只是味道，还能调解一份轻松的心情。

图2–5 阿莱西茶具

金属材料为主、造型典雅现代、线条明快是阿莱西的典型风格。

值的基础上进行综合完善，优选方案。②“化整为零”，即把人们对特定产品的期待、感受到的缺点、产品属性、专题信息分门别类地列举出来，从而深入研究产品各方面的信息，对各项信息进行分析与鉴别，看看哪些是具有现实可能性的，哪些是潜在可能性的，找到更多创意火花。

图 2–6　中国传统紫砂壶

崇尚茶文化是我国传统文人的雅兴，紫砂泥壶天人合一的本色风格正体现了文人的儒雅、含蓄。

图 2–7　矽树脂隔热板

矽树脂隔热板比起抹布，它的隔热效果更好，能有效避免烫伤你的双手，它也如棉布一样柔软，并且可以挂在墙上，安全而贴心。

图 2–8　花朵滤茶器

品茶时的可爱玩意儿，不仅可以滤茶，最重要是让你能在品茶时有一种玩乐快活的心情。

③“人类失去联想世界将会怎样”，对比联想指发明者由某一事物的感知和回忆引起跟它具有相反特点的事物的回忆，从而产生出新的发明。仿生联想一方面是由生物系统的生理机能和结构特性联想出创造对象，另一方面是由生物的生存状态联想构思出艺术作品，它一般是由生物的某种现象和有待于解决的问题共同形成的。仿生联想训练要注意三方面问题：①善于观察生物现象，②善于分析生物机理，③善于把现实问题通过联想，将生物现象作为解决问题的途径来创造产品。概念联想是从一种概念联想到其他概念，并形成或提出一个新的概念的能力。各种联想方法在人类发展进程中扮演着有目共睹的重要角色，它是创造学的基本技法。或许你在设计过程中会发现这几种创意技法都是可交替使用、互为补充的。设计思维就是收与放、理性与感性交织的痛并快乐的过程。(图 2–9)

图 2–9

黑暗中聆听“风的声音”，心便有了对光明的向往，黑夜即将过去。

链接：

菲利普・斯塔克语录

从某些方面来看，我想设计师们应用更多的时间去创设符号，余下的才是制造实物。

一次在某个餐馆里，这个章鱼般的“柠檬榨汁器”跃入我的脑海，于是就将它勾勒下来……四年后它竟变得妇孺皆知。但对我而言，它主要是件小雕塑，而不是什么有着实质功能的家庭日用品，它存在的目的不是去榨千百万个柠檬，而是想让一个新上门的女婿与岳母有些饭后的谈资。

我有睡午觉的习惯，醒来后我便带着红外线耳机在画板上重新开始工作，音乐是工作时必须的伴侣。

2.3 表现与阐述

2.3.1 不同阶段不同表述

就像谈恋爱，不同时期你的表达方式会不同，但始终紧扣一个中心。家居产品设计各阶段是一脉相承的整体，但每一时期有其工作重心、表现与阐述方式，内容也各有侧重，但都是围绕设计思维服务的，是抽象思维活动内容转化为可视形象、可解读内容的辅助手段，它与整个设计过程如影随形。语言、图形图表、肢体动作、具体物体都可能成为你细胞活动的体现。只有清晰认识设计构思、设计创意、完善方案、提交方案这每阶段要达到的预期目的，我们才能做到针对不同设计时期有的放矢地采用有效、准确的思维表达方式，对症下药、药到病除：①构思阶段，也是寻找新产品设计发展方向的阶段，如前所述，此阶段主要是研究分析，资料的收集、整理工作。显然，信息处理是本段的主角，准确、完整的语言描述，一目了然、主次分明的图表将是最佳选择。②围绕模糊构想，创意火花噼啪作响之时，快速记录下稍纵即逝的灵感主要就靠设计草图或简单文字、符号，只要同行看得懂，就没关系。此阶段的特点是抓大放小，细节可暂且不谈，以免哗哗流动的思绪短路。③当通过集体筛选、百里挑一的草案需要充实、完善时，首先，你该明确此时要表达的内容清单：完整的形态、结构、材质、色彩、尺度、体量，以及产品使用状态分析、形态与结构的关系。针对不同内容采取不同表现方式或综合方式，具体包括概念性效果图——针对产品使用状态的分析并包括简单尺寸比例，精确效果图及计算机三维模型——针对形态、材质、色彩，三视图——精确比例尺寸，模型制作——直观展现产品的空间体量、形态与结构的关系(后面会详细介绍设计模型的制作)。这一段路目标明确、道路曲折，细枝末节的工作相对较多，你做事得周全、细致、耐心，并富有创新精神。④完整而魅力四射的设计报告是你表现的最后一招，将全面、清晰地表达最后的设计定型方案，也将证明该产品的科学依据等相关技术数据。除了书面材料、多媒体演示，身为总设计师的你还得是个出色的推销员，推销你的设计理念、产品，甚至你的个人魅力。积极参与市场推广也是设计师义不容辞的任务。我们以开瓶器设计为例：

杠杆式开瓶器早在20世纪70年代就由德克萨斯商人兼发明家赫伯·艾伦(Herb Allen)发明了。直到1999年，年仅27岁的基多夫开始在其基础上重新设计。

“一开始，我们只想简单改变一下造型，并在中国生产，售价为70美元，是以前ScrewPull价格的一半，”基多夫说，“但是我说服鲍勃在材料和精致的包装上再增加点投入。”前期对酒瓶大小的研究。(图2–10～图2–16)

2.3.2 表述方式也充满创意

如果说完美创意是考验你的才情，那么，表述技法则既能反映你的技能高低，也是你创意再现的继续。千万个人有千万个表达爱的方式，家居产品设计表现也并非模式化一成不变，比如作一马桶刷设计，这种简单、低成本的东西我们完全可以跳开精细效果图、计算机三维模型，而依据草图、概念性效果图、三维视图制作模型，这更有利于对尺寸、握感等的实际把握，缩短开发周期。另外，大胆选用合适的材料表现不同成本、结构、功能的家居产品设计是值得我们探讨的问题。传统剪纸艺术、泥人张都是快速传递人内心活动的一种生动的表现技艺，它们是否可以帮助现代家居产品设计的表现另辟蹊径呢？毕竟它们都与家居产品一样充满人情。

2.3.3 “看人说话”

设计表现与阐述有两层目的：一是对产品本身信息的表述；二是设计信息的表述最终是与人交流的具体方式。家居产品设计开发的全过程需要有不同工种的人参与才能完成，是集体协作的过程。为了增强设计过程中信息的有效交流，你对不同的对象得采用适当的沟通方式。同行之间有着默契的交流语言，你漫天飞舞的笔迹能被产品设计师看穿，但面对结构工程师你就必须全面详实地和盘托出，这才利于解决实实在在的问题。当我们在给高层领导或加工工人交流时，最好针对性介绍。对领导做到重点突出、观点明确的介绍设计构想及结论性内容，相反，对不同工种的加工工人应重点交代尺寸、工艺、性能等细致问题。至于家居产品的使用者，产品就是你们的交流媒介。你先进的生活理念是否提升了人们的生活质量，人们的生活方式是否启发了你新的设计欲望，这一切都靠产品在传话。

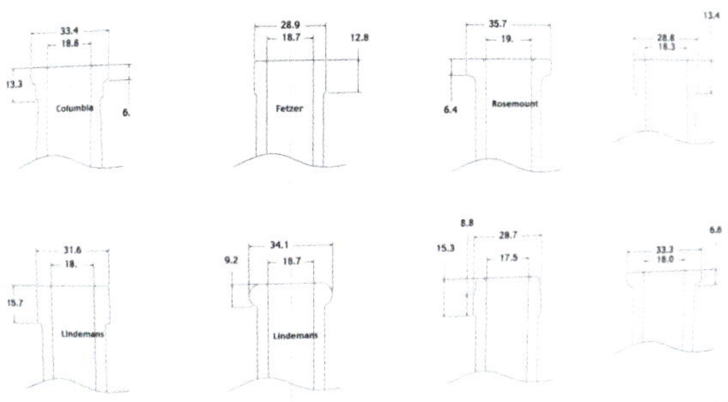

图2－10　①相关信息（瓶口测量）

针对普通酒瓶进行瓶口的内外径、瓶口外延厚度等全方位仔细测量，得到相关数据，以便设计开瓶器尺寸时有可靠依据。

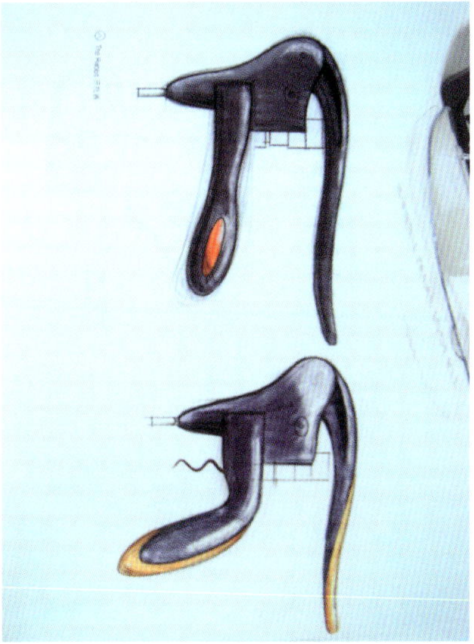

图2－11　②构思草图

在项目的草图阶段，基多夫绘制了多张拉杆式开瓶器草图。

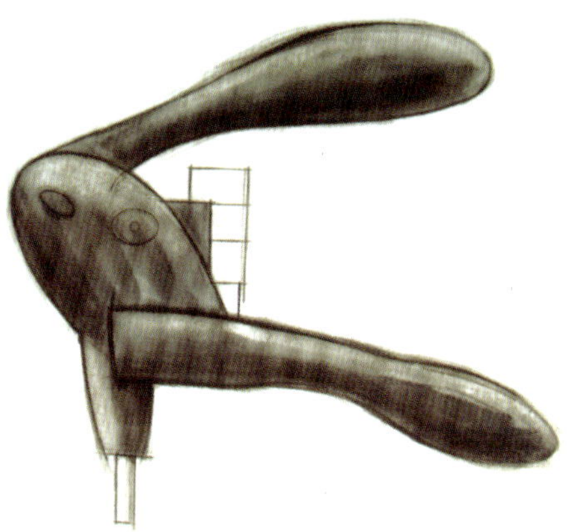

图2－12　③确定方案

将产品与兔子形象结合起来，使人们将它与兔子的速度联想在一起。产品表面喷涂上橡胶，这使人联想到兔毛，并在把手上装了橡胶垫，还将轴心移到了兔子眼睛的位置，这一切让它更像只兔子。

图2－13　④制作样机

真实展现产品的空间体量、形态与结构的关系，便于你直观地分析、修改设计。

图2－14　⑤完善项目

制图是报告书里不可缺少的科学数据，也是生产的必备依据。

图2－15

真实产品的使用状态使你的项目报告书更具魅力与说服力。

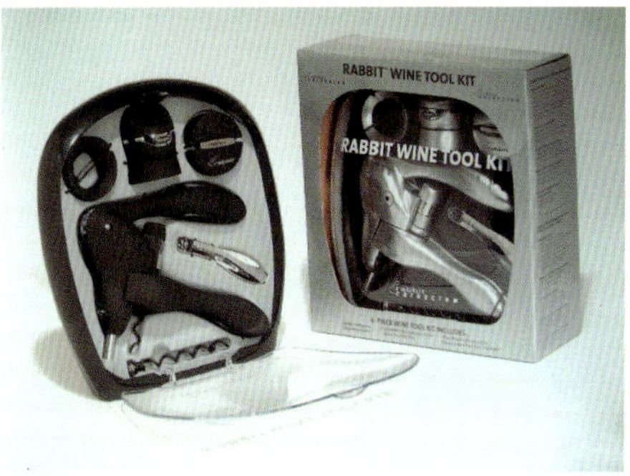

图2－16　销售也是设计的一部分

在野兔开瓶器后期的市场推广中，基多夫还设计了套装，一个透明合成树脂的盒子，里面装着野兔开瓶器和野兔刀片，而且有黑色和银色两种。

链接：

设计师谈草图表现

你会画草图吗？1998澳大利亚工业设计顾问委员会调查结果显示，设计专业毕业生应具备的10项技能第一位就是："应有优秀的草图和徒手作画的能力"。作为设计应具备快而不拘谨的视觉图形表达能力。绘画艺术是设计的源泉，设计草图是思想的纸面形式。我们有理由相信，绘画是平面设计的基础。

如果你功力不够，或者时间不够，最好采用稳妥的排版方式。记得，在商业设计中，不要轻易尝试夸张的跳跃性的版式。那些看上去愈随意愈凌乱的优秀作品，需要的时间愈多，你需要非常扎实的构成功底，同时你需要处理所有已经出现的细节，并且要创造更多的细节。

2.4 设计模型制作

2.4.1 重要性

艺术家通过采风才会深刻表达生活的苦与乐。王洛宾先生如不面对广袤的草原何以写得出传唱世人的草原情歌；满世界跑的自然科学家只有深入雨林、沙漠、海洋、太空才会找到生生不息的自然规律；情人不能只听甜言蜜语，而要从彼此生活中才能真实了解对方。平面想象、文字游戏可以打动人心，但并未将客观事实的全部真实展现。实体模型当然比平面图形来得直观，作为家居产品设计创作、研究的对象，只有从二维空间转化到三维空间的实物模型才会使设计不至于停留在表面工作，才能进一步深入研究、推敲其合理性，并完善设计方案。模型制作是设计的关键环节，它不仅是对设计理念直观的说明与展示，更是对设计理念进行检验的实物参照。模型就像是实际产品，是各路人马都看得见、摸得着的通用的交流参照物。人们围着它评头论足，你便可找到改进的方向：是线面转折关系问题呢？还是结构与结构、结构与形态的空间分布关系不合理？或许是操作不够方便等人机问题？毕竟文字记载与客观现实、平面与立体还是存在差距的。你要知道形象、直观的东西更能引发人们的关注与思考，这不仅可以集思广益、完善设计理念，而且面对真实的体量感、尺寸比例关系、材质、色彩等因素的直观展现，更有助于你对"度"的掌控及启发你新的想法。

2.4.2 种类及合理选材

一般分为三种：①研究模型也可称为草模，是设计初期为了推敲某构想而做的，主要基于大的形态比例和体面关系，注重的是形态造型，不过多考虑细节刻画、色彩、材质等。研模主要采用易加工、修改的黏土、油泥、泡沫塑料、纸板等(图2-17)。②展示模型也称仿真模型，顾名思义就是要通过模型，真实表现产品尺寸比例、色彩、材质、形态、结构等，要传递出产品的真实感，是为研究人机关系、造型、工艺及市场推广提供较完整的实物依据。通常展示模型是在设计的后期阶段制作的，主要选用油泥、木材、塑料、金属、石膏、玻璃钢等加工性能较好的材料。展示模型还可运用数控快速成型技术来完成，很多小型家居产品都可通过此技术做出仿真效果(图2-18)。③功能模型用来研究表达产品的机构性能、机械性能以及与人和产品之间的关系。它可作为机构功能的演示操作、模拟人机关系，便于产品实用功能质量的提高。(图2-19)

不同的家居产品模型应选用合理的材料进行制作。比如门把手、勺子等造型简单的物件我们一般考虑泡沫塑料、石膏制作；而结构稍微复杂的家具我们除用泡沫塑料外，还可用纸板、木材等加工性能较好的材料；很多小家电的模型应该根据具体设计来确定，泡沫塑料、油泥、ABS板都常用到。

2.4.3 比例

无论怎么说，1∶1的选择是最理想的，它有助于设计师从整体把握设计形态的准确性，家居产品模型大部分都可做1∶1的比例。退而求其次的话，就要考虑真实产品的大小、结构复杂程度了，你总不能用1∶10的比例去制作书柜模型吧，这样会失去很多细节表现，也缺乏真实的体量感，也就失去模型的重要价值了。其次，比例大小与模型材料的选用也有关系，大比例的模型最好不选用易变形的材料，如纸材等，纸材大都易变形，不便准确研究其形态、线面转折等关系。适合较大比例展示的坐卧类家具模型也不便选用像石膏这样表面难深入处理的材料。

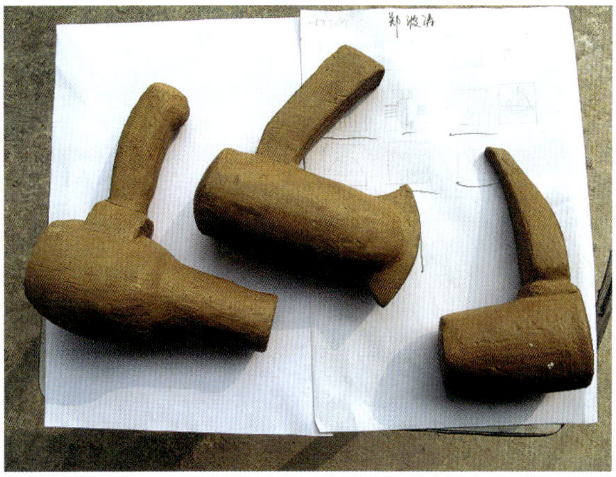

图2-17

学生做的吹风机草模，只用于研究大的形体比例关系。

图2-18

学生用纸材、金属等制作的展示灯具模型，较真实地表达了设计原形。

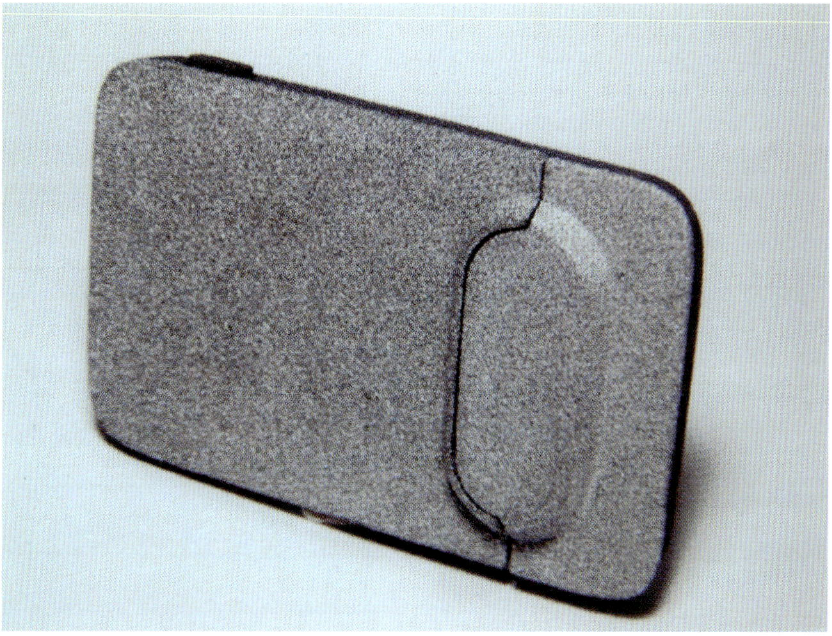

图2-19

功能模型用来研究表达产品的机构性能、机械性能以及与人和产品之间的关系。它可作为机构功能的演示操作、模拟人机关系。

第二部分 设计篇

第三章 决定设计成败的因素

3.1 形态

3.1.1 理解形态

所谓的形式感只是针对“形”来说的，即物体的外形本身的构成关系，而形的构成关系是否能体现某种气质，这就是“态”——神态。形式感强并不意味着有强的“精神势态”，由此可见，产品形态并非只是“为形式而形式”的问题，还要在形式中蕴含精神、文化、情感的因素，做到形神兼备，否则就只是没有灵魂的美丽躯壳。(图3-1)

作曲老师不仅仅是教你拼凑音符，更多是培养你敏锐的音律感；诗人运用颠来倒去的词语编写情感“谎言”；“形态”却是家居设计师的武器，是家居产品传递信息的第一要素。设计师通过创造特定产品形态来解决特定问题并传递他的设计理念，这其中包含两层意思：一是通过物质化的形态达到使用功能的作用，二是表达某种精神层面的东西——引导、反映了人们新的生活观念，审美观念，即审美功能的作用。树叶遮身的

图3-1

查尔斯·伊姆斯和雷·伊姆斯夫妇设计的“带十字底座的餐厅扶椅”告诉我们对产品形态的把握和理解往往决定一个设计师能够走多远。

原始人都讲究叶片的串联关系，可见实用加美学的观点并非现代人所有。放眼四周，要找到一件纯实用功能的家居产品实在是难。满屋的形态构成了满屋的产品，我们认识形态得先归纳其种类：①现实形态，分为自然形态和人为形态。自然形态是指自然界中存在的各种形态，如花瓣、石头，鱼缸里的鱼，星空、细胞组织、闪电等；人为形态是指人类通过各种手段有目的地创造出的形态，如厨房用品、各式家具、石磨等。②概念形态，主要指几何抽象形态和偶然抽象形态。几何抽象形态包括圆形（球体、圆柱、椭圆、曲面体等）、方形（正方形、长方形、方锥体等）、三角形（三角形、六角柱体等）这三大类基础形；偶然抽象形态是通过自然外力、内力或人为内外力偶然形成的诸如窑变效果、破碎的蛋壳、随意舞动的红丝带等形态，此种形态出人意料，具有很强的启发性，是造型的好素材。

3.1.2 创造形态

如前所说，"形态"当然是产品设计师传情达意的语言，创造何种"语言"表达何种设计理念是设计成败的关键。我们先来谈谈形态的审美功能的创造方法——能形成方法就意味着有规律可循。"命运交响曲"节奏铿锵有力，将命运的跌宕起伏演绎得淋漓尽致；"致爱丽丝"节奏却舒缓细腻，自然美景娓娓道来。首先，每首曲子都有一个主旋律，才使人感到连贯、一气呵成，形态的创造同样要有主有次，才能形成整体感。比如我们通过立体构成中分割、积聚基础形的方式通过做形体的加减法来生成形体时，就要根据设计对象考虑以何种形才能准确表达你的设计理念，是曲面为主呢？还是直线为主？（图3-2、图3-3）

其次，整体关系明确后再讲变化问题。乐曲由长短、高低不同的音律组成才使得主旋律有了起伏的节奏感，产品形态如果只是强调统一性，将会使产品看上去呆板、生硬，就像心电图，只是一条直线时，那就是生命的停止。

形态的细节处理是寻求变化的重要途径。比如曲与直、方与圆的对比、和谐问题，过分圆润缺乏力度，相反，过分直挺又显单薄，其中微妙的比例分寸耐人寻味，"差以毫厘，谬以千里"，方孔铜钱是蕴含此道理的最好证明（它是天与地、阴与阳的和谐体现）。细节处理还包括产品各结构的大小、空间分布、小形态与整体形态、色彩、材料等关系的问题。总体说，小结构在大整体中寻变化，又要有和整体形态形成内在联系的因素，比如结构部件的形态是随整体形的

图3-2 水的联想（水龙头）

"水"就是一种随意无常的物质，线形本身与水就有某种内在联系，这款以"线"为主体造型的水龙头设计达到了形与质的设计理念的完美结合。

图3-3 几何台灯

简单几何体是该产品的主旋律，构成关系看似随意，其气质却无可抵挡，透出简约、轻松而乖巧的设计理念。

变化而分割，却在色彩上区别于整体，或者，细节形态虽和整体形态不同，某些部分的半径却相等，这在视觉上同样会造成统一而富有变化的感觉。所谓协调性并非完全是统一，而是变化的调和，形态各部分的共同内在联系就是润滑剂。创建内在纽带的方式可运用构成课中的手法，如相同单元形的重复组合、不同形构建有序空间等。(图 3–4)

图 3–4　茶壶

她就像雏菊般富有朝气，玲珑俊秀。其花纹各部分均与雏菊的形有关，切面形迎合了雏菊的花瓣形态（协调），同时让该壶具有一种柔中带刚的美感（变化）。

笔者认为如果说素描、色彩写生是练就敏锐的观察力和表现力，那么，构成课是培养造型修养能力的关键。我们随处可见点、线、面关系在产品立体形中的再现。就像一幅画，如果缺少了点、线、面的构成因素，画面就会显得缺乏层次。同样，缺少点元素的细节结构会使产品单调，没有明快线条支撑的形态又让人觉得缺乏硬朗感，体面过分琐碎又没了整体，总之，创造形态的审美功能就像有规律的符号拼接游戏，就看你怎样摆布那堆线材、面材、块材了。(图 3–5～图 3–7)

图 3–5　线构

线材构成富有空间变化的面。

图 3–6　面构

一块面材也可以轻松创建优美好用的空间。

图 3–7　块构

体量感是“块”的优势，合理开发其潜力将会事半功倍。

图 3–8

20 世纪 40 年代丹麦设计师维纳在吸取了中国明代家具线条流畅、气质端庄的特征后设计的系列“中国椅”之一，把北欧质朴、天然、典雅的人文精神和中国儒雅、端庄的神韵有机结合起来。

至于对形态的“神态”把握，我们可以领悟不同风格流派的设计元素、特征，结合现代人的审美意趣来创造，并且拓宽知识面才能做到艺术修养的融会贯通，这是漫长的修炼过程。(图3−8)

不同地域、民族有不同的风俗文化，喜好当然有不同倾向，形态创造就要有针对性、引导性。形态的创造还受功能、材料的影响，它是使用功能与审美功能、理性思维与感性思维、科学与艺术的和谐交融，在功能、材质、情感里将进一步讲述。

其次，我们看看形态的认知功能的实现：通过形态表达产品的属性、产品的使用方式，这就是产品语义学理论在形态设计中的体现。简单地说就是用户不用看说明书就知道该产品是用来干什么的，哪些部件是怎么使用的，这就是语义的意义所在。形态要准确传递产品的语义必须遵循一定的设计规则：①造型符合人机交互的使用习惯，以产品的易用性和可理解性为侧重点。要做到这点，还要经过长期的设计实践和经验积累(图3−9)。②相同产品可能会由于使用者的地区、

图3−9
此衣架不露声色地将造型与功能完满地融合在一起，使用者一目了然其使用方法。

文化、习惯等因素的差异，导致设计师无法用相同的产品符号将语义传达给使用者，同样用于“吃”的日韩餐具与西餐具造型全然不同的原因就在于此。记住，产品语义是提升产品功能使用品质的重要保障。

不要忘了，困惑时翻翻形态百科全书——自然生态，正如马克思所说：“动物只生产其自身，而人却在生产整个自然界；动物的生产物直接属于它的肉体，而人却自由地面对着自己的生产物；动物依照它所属的那一类需要程序创造，而人却善于按照每一类的需要程度来生产，而且始终善于用适当的措施来处理对象；因此人类是按照美的规律来创造。”（图3−10）

图3−10
不知疲惫的小驴和猪猪存钱罐，各自的功能与人们赋予它们的精神通过动物本身的形态表现了出来。

3.2 材质

材料作为产品设计的三大要素（材料、功能、形态）之一，是产品设计的物质基础。在某种意义上说，它就是设计的前提保障。一种新材料的研制成功必然伴随着一种新的加工工艺的形成，因而能够“慧眼识才”的设计师就能做出快速反应，恰如其分地运用这种新材料创造出具有新观念、新功能的产品，真正实现科技造福于人、科技创造价值的最终目的。如高分子聚合物——塑料的产生、运用不仅使人们的日常生活品变得丰富多彩，更是带来了无限商机。科技信息的及时掌握能够使家居设计师扮演好时尚的角色。

材料的属性、质感关系到形态的生成技术与美感，从而造成对审美功能的影响。常用的实木家具由于材料不同于板式家具，因而结构、工艺存在很大的差异，导致产品形态也相差甚远。前者采用的是原木，原木本身的植物纤维没有被破坏，所以可以采用榫结构的连接方式，并且它的韧性、天然木纹等质感都是自身的优势。而板式家具采用的是人造纤维板，相对原木来说，它的韧性差了很多，因而工艺连接结构要靠金属辅助件，并且表面处理显得人工痕迹更重，所以，实木家具在形态上显得比板式家具庄重、大气、天然，一般来说，价格也较贵。不过，板式家具的批量成型也有降低成本的突出优势。（图3–11、图3–12）

对于质感设计的形式美法则也遵循构成设计的一般规律：不同材料的对比协调。（图3–13）

同种材料不同表面处理和结构连接，形成统一中求变化。（图3–14、图3–15）

图3–11

实木家具各部分连接主要靠榫结构完成，椅背与座面、座面与椅腿、椅腿与椅腿之间全靠“榫”连接。

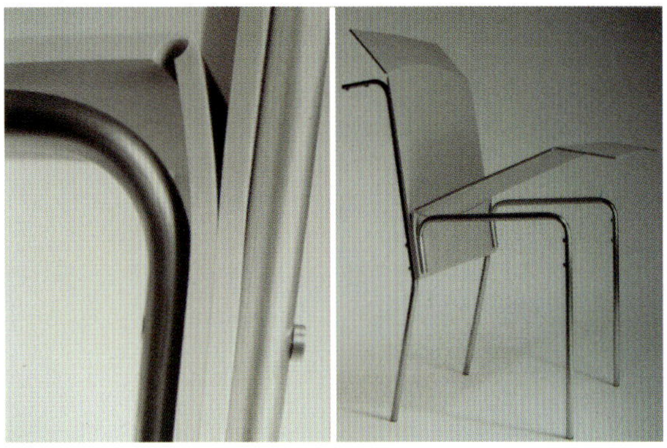

图3–12

版式家具主要靠金属配件连接各个部分。

图3–13

无论有几种材质同时出现在一个产品中，都要注意各材质在体量上的主次分明，线形木材和透明的面形有机玻璃把“螳螂”椅描绘得有声有色。

图3–14

一种材质通过不同的结构连接方式也能达到意想不到的艺术效果。

材料的合理选用也直接影响产品使用功能的有效发挥。就像紫砂壶沏茶比一般玻璃器皿泡的茶芬芳一样，因为紫砂陶特有的双透气孔在保留茶香的同时还具备良好的透气性，避免茶汤的变味。又如夏天使用的凉席、金属、陶都具有传热快的特点，为什么人们却选用竹、木、牛皮等天然材料呢？因为后者不仅凉快、透气性好、舒适度高，而且重量轻、易收捡。人们购买产品，不可能为了满足一个需求而要付出双倍的代价。新材料的产生意味着新的商机，如何及时合理运用新材料设计出更科学、经济的产品是设计成败的重要因素。（图3–16）

图3–16
发光材料巧妙地运用到马桶盖上，方便你在黑暗中找到它。

图3–15
同种材料通过不同形态的处理从而形成不同质感，使物品看起来既统一又不失变化，该花瓶就是通过镂空形成了不同的虚实变化，丰富了视觉效果。

设计材料的选用可参照如下原则：①根据产品使用功能的要求选择具有合适的固有特性（物理特性、化学特性）的材料，并且此材料的工艺性能符合企业的生产加工技术；②根据产品审美功能的需要来选择满足产品特定的使用区域特征、时代特征、民族风格的材料，主要考虑材料的感觉特性，也就是肌理、色彩、质感等因素。③销售曲线最能反映设计的成败，因而，设计还得考虑材料选用的安全性、成本因素，以增强销售的竞争力。

链接：

张开五指，不如紧握一拳

……好些刚出道的设计师看得眼花缭乱，以为产品多元化便是这些大公司的成功之道，自己也想样样都搞一点，结果往往一事无成。

一个概念，一个要点，用它一辈子，没有什么错，即便用它十年八年，也是很值得的，因为如果这个概念有创意，这种技术有发展前途，那么集中精力，深入发掘要比没头苍蝇式的四处乱撞好得多。

英国有个很小的公司，叫“膨胀公司”，……所谓“Inflate“就是充气或者膨胀的意思。这个公司只有两个设计师，一个叫尼克·克罗斯比（Nick Crosbie），一个叫马克索多（Mark Sodeau）都是1970年代出生的年轻人，他们的设计，就是集中在充气这个点子上，非常成功。

以技术为焦点，开发产品的确是个好思路。

资料来源：《王受之讲述‖产品的故事》

3.3 色彩

家居产品形成的对人的视觉冲击力中，色彩是第一感官要素。很简单的道理，远处的物体吸引你往往先是色，然后才会观察到形与材的质感，因此，在琳琅满目的商品里如何让你的设计作品更加突出，色彩起到关键作用，不仅因为色彩本身的美丽光环，而且是它在传递着产品的语意功能。(图3−17)

图3−17
挂着绿叶的水果是诱人的，绿叶形的水果刀巧妙地把它们紧密联系在了一起。

如糖果般开心的色彩是儿童心灵的向往，干净、纯粹的红、黄、蓝、绿等构成了系列儿童餐具的主旋律。又如水龙头冷、热水的开关处蓝、红色暗示了你的操作。由此我们不难看出，色彩语意的准确表达对人们操作产品起着正确引导的作用，避免误操作的发生，提高产品功能的附加值。家是人们心灵、身体的安乐窝，人又是以视觉为先导的动物，喜怒哀乐的晴雨表跟日新月异的社会发展进程一样花样翻新，因而家居产品对色彩的设计应投入更多的精力来揣摩、预测人的心理变化从而“对症下药”，同时，还得研究色彩在家居产品中的通用性。也就是说，卧室、客厅、厨房、书房等家居产品在色彩上都有自己各自的个性。卧室温馨、宁静；客厅色彩自由度相对较高；而书房物品一般来说，色彩更加冷静；厨具却既可活泼，也可以天然本色。色彩还是突出产品品牌效应的重要手段，如在产品的形态设计上通过运用某种固定的色彩或系列色搭配来区别于其他同类产品。总之，色彩本身没有对与错、美与丑，只是出现的时间、地点和依附的产品是否合适，是否能被广为接受，这可关系到产品的销售指数。

3.4 情感

正如本书前面在对家居产品设计定义里所说的：“设计移动电话和设计餐具是有所不同的，前者注定在两三年的时间内就会随技术的落后而被淘汰，而后者即使是生产２０年后，仍然可能是消费者乐于购买的”，家居产品设计在很大程度上注入的“技术含量”是贴近心窝的人文关怀，是设计师对人性的精心呵护，蕴含着一种情感的延续性和回味性，就像爱情长久的秘诀不是物质的堆砌，而是点点滴滴的关爱之情，而真情实感的文章才会打动人。因而一件家居产品的功能是否能正中下怀，是否能打动消费者，考验了设计师对目标群体（不同年龄、性别、职业、生活地区等）的价值取向、审美观等个性因素体察、把握的能力，这种能力实际就是要有一颗细腻的爱人之心和聪慧的表达方式。这是设计师没有个性的可爱个性。(图3−18、图3−19)

图3−18 豆腐茶杯
平时熟悉不过的豆腐却成了茶杯，这就是此设计的点子所在，设计师对人们见惯了的事物创造了新的使用情感。

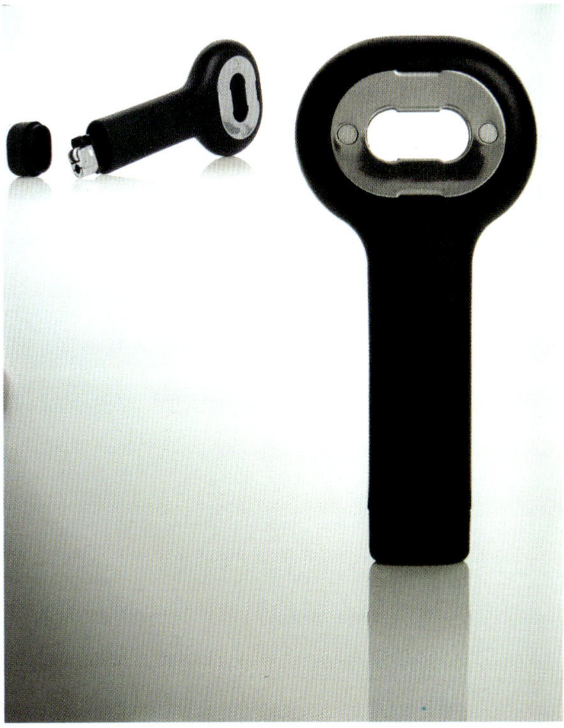

图 3–19
俗话说，投其所好是达成共识的有效途径，对于男人，此款充满阳刚的打火机兼酒瓶启正中下怀。

图 3–20
娱乐时代就应有娱乐的氛围，人、事、物都成了愉悦的载体，面对这个黑色幽默的笔架，你定能会心一笑。

当然，人的本质是社会的，因而人也是在社会动态中变化着的。家居产品设计必然围绕其核心——人的社会因素带来的诸如时代特征、全球文化的趋同、地域风俗的新注释等一系列人文环境的改变而改善跟进，这就要求产品设计还要有时代性、发展性，如能抢占先机，把动态中人的情感喜好及时转变成产品语言，那么也就抢先占领了主导市场。家居产品在某种层面上说，人的情感需要大于使用功能的需要，纯粹娱乐性的家居产品比比皆是，这是科技时代"逼迫"人更渴求心灵释放的时代特色。(图 3–20、图 3–21)

设计本身不是简单的功能满足，而更多的是作为主体的人的生活观念、生活方式等社会内涵的综合体现。只有人文化了的物才具备了灵魂，才有与人交流的可能。

图 3–21
有些设计并不是要满足功能本身的强大，而是通过提供各种生活方式供人选择，这盏灯每天都可以让你翻阅温暖的光线，点缀惬意的生活。

链接：

中国古典家具造型审美

中国传统古典家具造型的优劣，是决定家具价值的重要因素，王世襄先生是科学品评家具造型艺术的集大成者，提出了家具的十六品与八病：

十六品是：简练、淳朴、厚拙、凝重、雄伟、圆浑、沉穆、浓华、文绮、妍秀、劲挺、柔婉、空灵、玲珑、典雅、清新。

八病是：繁琐、赘复、臃肿、滞郁、纤巧、悖谬、失位、俚俗。

掌握了家具的"品"和"病"，其造型的优劣、艺术价值的高下自然也就分明了。

3.5 功能

功能是产品所具有的效用，材料是功能实现的物质基础，形态是功能实现的具体化形式，因而，无论是针对使用功能还是精神功能，材料、形态都紧扣特定功能而选择合适的材质，创造准确、生动的造型语言来满足其要求，也是人造此物的需求，这就是产品实现的意义所在。面对家居产品的功能设计，我们要理清两个问题：一是对家居产品功能的准确分析，二是家居产品功能与产品语意的关系。首先，家居产品的功能有可能主要是使用功能，如家电、勺子、杯垫等，也有可能是以审美功能为主，甚至只体现审美需要，如格式陶艺、装饰挂毯、干花饰品等。因为功能的重心不同，所以在表现功能时设计手段也有所不同，这就是后一个问题："怎样看待产品功能与产品语意的关系"。冰箱、电视、洗衣机等家电的主要功能是靠机构原理实现的，形态体现的结构关系、构成感在很大程度上是要根据内部机构的放置而合理设计，但并不是说它们的外部形态就只是附庸于机构，如果那样，就会停留于纯功能主义的理念，产品将呈现出呆板、冷漠的造型。家居产品是解决人与物的关系，物并非主体，主体是人，因而，设计始终以人为中心，不仅满足使用功能，而且为了更好实现使用功能，需通过适当的形、色来暗示、提醒人的正确操作，这就是产品语意的重要性——对"功能的辅助作用"。特别是当技术发展到一定空间，竞争矛头便转向更高层次的精神层面——满足人的心理、生理、文化习俗等人因需求时，体贴的产品语意可以极大地提升产品的附加值。

对于不存在机构问题的诸如杯垫、汤勺、器皿等家居产品的功能设计，很大精力花在对结构、色彩、材质的研究上，因而，产品语意在形态上的体现尤为重要。(图 3–22)

总之，能快乐享受使用功能是人们对家居产品的更高要求，是激发消费者购买欲望的动力。

3.6 加工工艺

工艺是指材料的成型工艺、加工工艺和表面处理工艺的技术手段。材料通过工艺制作过程才能成为具有一定使用价值的产品。在产品的加工过程中，精湛的工艺技术直接关系到加工效率、产品质量、生产成本等。因此，设计师在设计时应根据该产品的市场价位选择材料，并充分考虑切实可行的工艺条件、工艺方法来进行构思，创造出易加工、成本低、成型效果好的具备市场竞争力的产品。如塑料的注塑成型技术就具有很好的优点：一次成型可减少工序从而降低成本，并且成型周期短，提高工作效率和经济效益。同种材料用不同的加工方式、表面处理工艺会产生不同的外观效果，从而在针对低端市场时可以选用成本较低的材料做表面加工处理后作出高档材料的感觉。同时，同种材质的不同处理方式还可创造丰富的艺术效果，家居产品是最贴近生活、易消耗的产品，因此，产品的精美度、价位都直接造成销售曲线的改变，设计的选材合理以及多考虑采用简单工艺加工都将是降低成本的主要途径，而精湛的工艺技术是完美设计的有力保障。(图 3–23)

图 3–22

手牵着手的杯垫显得既温情又实在，功能、结构的设计也一并搞定，巧妙。

图 3–23

花点小钱就能买到充满生气的家居产品是引发购买欲望的兴奋剂，"蜻蜓"挂钩简单的金属切割、锻压工艺确保了它成本低廉的优势。

3.7 创意性的设计理念

人们的生活观念是它的土壤，设计师的创作热情好比阳光雨露。逛家居商场时，什么功能、什么风格的产品容易打动人：是解决实际问题的？是迎合时尚潮流的？是能让你感到一种超脱现实束缚的？还是充满儿时田园记忆的？抑或是那种繁花似锦的？总之，种种的问题实际就是人们不同生活观念的情绪流露，家居设计师的任务是把这种种的情绪(功能需求？新潮？怀旧？幽默？感悟？……)浇灌成各式家居产品，而且还要引领时代潮流，培育“新品种”。

首先，从家庭角色的需求发现或创立符合人性的新观念，使设计理念找到它生根发芽的沃土。

“洗手吃饭了！”“看看新闻频道。”“有什么好吃的？”这就是同一个水泥空间里的妈妈、爸爸和孩子在同一时间的不同关注点，他们每人都是这个家的主角，配角就是那些锅碗瓢盆等日常用品了。家居设计师好比是总导演兼演员，他既协调主配角的关系，又洞悉每位主角的喜怒哀乐。他或许就是爸爸、妈妈或孩子，才可能知道他们的生活轨迹中藏着的所需所想：“细腻的妈妈”晚上睡觉前在盘算明天是否该换换口味了——要是有个提醒我们健康膳食的“妈咪”小玩意儿就好了！早上起来，妈妈为每人准备着牛奶、糕点——大包装的牛奶实惠，可不好倒啊，要是有个导流器既可导流又可测量多好！晚上，一进门的妈妈以最麻利的速度想换鞋——唉，可这手上提的一大堆菜往哪暂时搁一下呢？倒腾锅碗瓢盆后的“细腻妈妈”精心调配出的爱心大餐准备出锅——可怎么才能口味与心情一起品尝？靠餐盘？还是别的精美物件？晚餐在丈夫、孩子的狼吞虎咽和妻子满足的眼神里结束了。这就是大多数妈妈的每日家庭生活，她们从卧室奔到厨房、从厨房到饭厅、客厅，是水泥格子里转动最快、感悟最多的体验者和最想发言的人。至于我们“思索的爸爸”因为总想着天下大事，所以更加关注社会问题，因而对变化的社会观念、家庭现象、科技报道等更敏感，也更容易把新观念带回家中，电视机前的他们或许正想着设计一种玩具“灭火器”能让唠叨的妻子闭嘴，或许他们打算看看浴缸能否当床睡，那样更能体会与世无争的逍遥感。“异想天开的儿子”才是我们新概念家居产品的最佳创意者，因为他在梦想“四处为家”的自由王国！

其次，生活的故事如何融入艺术的故事呢？

吃喝拉撒的事忙完，家还是你回味某一天那个甜蜜笑颜的后花园，沏一壶茶独享有爱无爱的日子，或许还应该点燃一盏飘忽的灯……环顾四周，你恍然发现家在你一次次不经意的拼凑中载满了故事……西安的布老虎、不成对的咖啡杯、不曾使用的磨砂玻璃酒瓶，还有那对非洲石烛台和古铜色结实的藤椅。这样一种慢慢积累的家好像比装修完毕后一次性装备到位来得更耐人寻味，因为家本身就是心灵慢慢靠近的熔炉。我们闲逛IKEA，会发现样板间里的书柜、沙发、床等其实并非完全成套，但却让人觉得舒适、轻松。首先，不同主人、不同功能的房间采用的风格因人而异，但整体色彩都很注重亮色与重色的比例分配；其次，坐在沙发上，你有种身处自家的亲切感，因那随意放置但恰到好处的家居产品，如出人意料的鞋柜、可爱的电话机、一朵藏着记忆的栀子花、温馨别致的窗帘等，无不让人深深体会到主人在家闲适安逸的那份心情。(图3–24)

图3–24
带着儿时的记忆躺在摇篮式的秋千里独享思绪的飞扬。

IKEA的产品材料并不昂贵，家具造型简约、易用且易加工，但在一些小产品的设计上体现出浓厚的温情，用灯饰、窗帘、相框、厨房用品等来打破略显呆板、理性的大件家具，就好像是多情的女主人遇到了实在的男主人，加之强调

DIY的设计理念很符合现代年轻人的脾性，所以这恐怕就是IKEA整体家居产品设计理念的定位吧：低成本的材料、高水平的设计，功能和审美的平衡性满足了特定市场的需求。

理念是内容，而形式是手段。确立什么样的风格形式是设计理念审美内容的具体体现。丹纳说："风格是艺术所能企及的最高境界。"现代说唱艺术的艺术成就恐怕并非它本身的艺术性，而是它独特的风格赢得了时代的认同。对于风格的创造我们必须从人性、人文、社会发展、社会现象来发掘素材。纵观历史，众多的艺术流派都是从巴黎的小咖啡馆里发明的，茶馆文化能带给你创作灵感恐怕也是源于此吧？

1．"形态"是家居设计师创立风格的笔墨。形不仅是产品构成关系的载体，也是为"神态"服务的，特别是使用功能相对弱化的家居产品，"神态"就是我们找寻的心情。（图3–25）

2．绿色观念的提出立即得到设计界的拥护，有限资源利用率的提高和资源的反复利用是核心，这给设计者提供了一种设计思路。（图3–26）

3．人类社会造就了人的文化血脉，大自然是其中的精灵，仿生学打开了我们的眼界。（图3–27）

图3–25

看看面前这只18世纪欧洲典型的奶壶，它就像老外婆温润的双手和她一如从前的少女般浪漫情怀交织在一起的统一体——精致、典雅、温情脉脉，如此具有明显文化传承的造型当然是怀旧一族的钟爱。

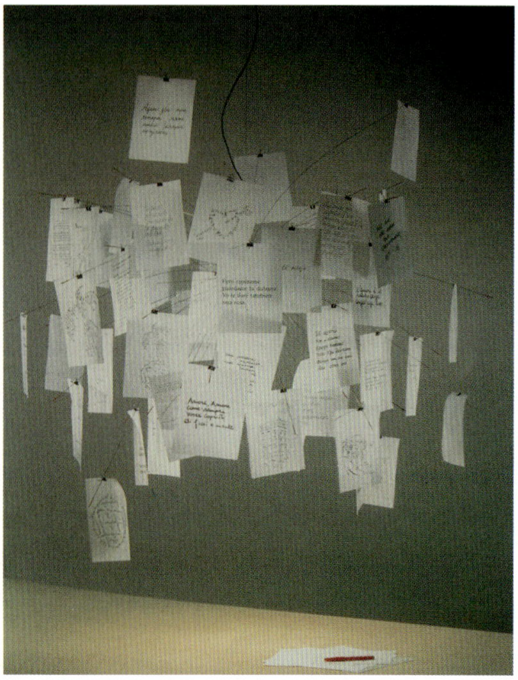

图3–26

多考虑可反复利用且无污染的材料是一种绿色设计观念，但用低成本材料配上简单的加工工艺也无疑是减少社会资源损耗的有力途径。

图3–27

躺在如草丛般松软的椅子上晒太阳该是多惬意的事。

4．现代人身上的现代病需要释放，基于纯娱乐型的家居设计理念有了更大的发挥余地。(图 3–28)

5．素面朝天的返璞归真设计理念是“绘事后素”之风在现代家居设计中的体现，就像原生态唱法带着它厚重的泥土芳香粉墨登场、引人注目。(图 3–29、图 3–30)

市场需求、新技术的转化、文化艺术的传承是设计理念的主要创新源泉。总之，无论我们怎样发掘、创新设计理念，它始终是手段，生活的愉悦才是目的。

图 3–29
虽然现代技术带来了诸多艺术表现方式，呈现给我们纷繁的视觉感受，不过对美的感官反映只是仁者见仁而已。

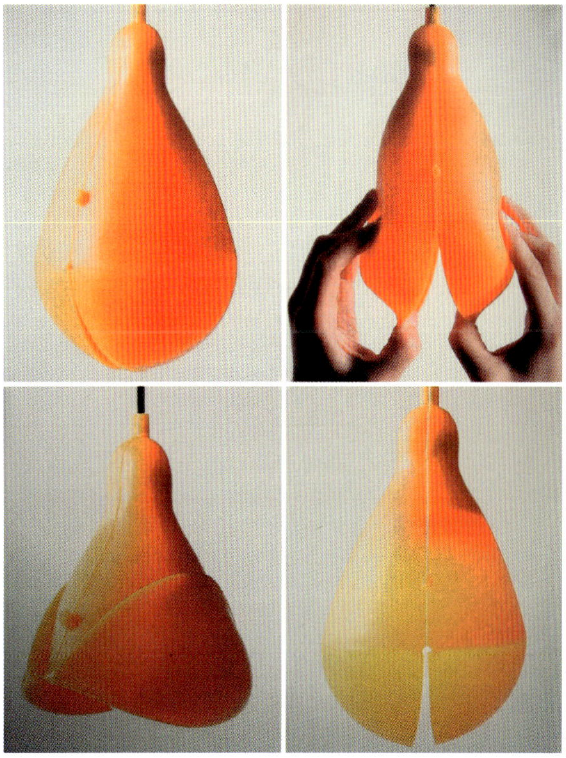

图 3–28
小时候用橘子皮做的“小橘灯”透过半透光硅胶得到重新演绎，以将日常生活的小玩物变有趣为目标。这件灯具的娱乐之处在于可以将灯光剥开来慢慢享受。

图 3–30
有时就因为是身处现代缤纷的世界，因而更渴望素面朝天的自然之笔。不同的情感需求丰富了创新的源泉。

链接：

当设计产品进入拍卖行

今天在世界顶级的拍卖行里，古董已经不再是唯一的宠儿，日益繁荣的艺术品市场已经开始进军设计领域，越来越多的收藏者将设计作为一项投资——在拍卖会上能卖到天价的并不仅是普洛弗（Prouves）与诺古基斯（Nogichis）的作品，还包括了许多当代设计师的杰作，这一趋势让民用工业为设计界带来深远影响。

现在那些登上拍卖行里最高拍卖价的作品和设计师都有哪些呢？

卡洛·默里诺（Carlo Mollino）
餐桌 1949 年
价格：2,993,000 欧元
拍卖地：克里斯蒂拍卖行（Chirstie's）

马克·牛森（Marc Newson）
Lockheed Lornge 躺椅，原型，1986 年
价格：757,000 欧元
拍卖地：索斯比拍卖行（Sothey's）

吉恩·普洛弗（Jean Prouve）
Porhole Doore 1949 年
价格：532,000 欧元
拍卖地：索斯比拍卖行（Sothey's）

野口勇
圆桌 Nr.IN—62　1948 年
价格：493,000 欧元
拍卖地：芝加哥，赖特拍卖行（Wright，Chicago）

马克·纽森（Marc Newson）
Orgone 躺椅　第六版 3 号　1993 年
价格：407,000 欧元
拍卖地：菲利普斯拍卖行，（Phillips）

夏洛特·佩里昂（Charlotte Perriand）
办公桌：ca. 1946 年
价格：295,000 欧元
拍卖地：索斯比拍卖行（Sothey's）

扎哈·哈迪德（Zaha Hadid）
水蓝色桌子　原型　2005 年
价格：231,000 欧元
拍卖地：菲利普斯拍卖行，（Phillips）

吉恩·普洛弗（Jean Prouve）
不等四边桌　Ca 1951 年
价格：214,000 欧元
拍卖地：菲利普斯拍卖行，（Phillips）

（资料来源：www.artnet.de）

第三部分 赏析篇

第四章 品牌故事

4.1 ALESSI 制造梦的工厂

在这个世界上，除了电影导演和小说作家，也许就没有其他能制造梦的工厂了吧！不，在极富浪漫风情的意大利，还有一家工厂敢夸口说他们也有能力制造梦想，而且同那些感人的童话故事、动人的浪漫电影一样，生产的梦想也能畅销世界。这家工厂就是能让马桶刷发出灿烂光芒的意大利著名家居品牌 ALESSI（中文名：阿莱西）。ALESSI 如何能创造出美丽的梦想的呢？他们虽然没有安徒生和史蒂芬·斯皮尔博格，但他们能招募来世界一流的最有创意的人，不只是设计师，还有艺术家、建筑师，为那些原本没有梦想的咖啡杯、榨汁机、胡椒罐、牙签盒、水壶们圆一个以前做梦也不敢想的美梦。

那么，这家家居产品界的梦工厂到底是如何谱写家中小人物的幻想曲的呢？公司由吉奥瓦尼·阿莱西（Giovanni Alessi）于 1921 年创立。他的第一家工厂位于奥莫格纳，意大利的梦幻之湖——奥塔湖的北畔。刚开始他们只制作金属制品。1928年，公司迁到了克鲁塞罗，一直到现在。这间工厂其实和别的工厂没有两样，工人们仍然是面对的一堆不锈钢、塑料、铝，遵循的也是工厂生产线的普通程序，但等到最后，这家工厂出产的茶壶会唱鸟儿的歌曲，红酒开瓶器变身为美丽性感的安娜小姐，榨汁机是来自外太空的外星人，锅铲在油锅中微笑，小夜灯是只会在夜间出现的精灵……原来在家中的地位如灰姑娘般不起眼的家居用品，ALESSI 给了她们华丽的礼服和美丽的水晶鞋，让她们也能变成骄傲的公主。而为她们实现梦想的神仙不止一位，她们是为菲亚特设计汽车的史蒂芬诺·乔凡诺尼（Stefano Giovannoni）、后现代建筑设计大师迈克·格雷夫斯（Michael Graves）、孟菲斯代表大师亚力山得罗·曼蒂尼（Alessandro Mendini）、红得发紫的菲利普·斯塔克（Philippe Starck），还有身兼建筑设计师的安德里亚·博兰兹（Andrea Branzi）等许许多多的优秀设计师。

而这些设计师们又是施了怎样的魔法，才

给了这些家居用品如此绮丽的梦想呢?

首先是顽皮的史蒂芬诺·乔凡诺尼会变魔术,他让可爱的小兔藏在高高的礼帽里,等到小兔跳出时,最不起眼的牙签也就华丽登场了。这是一只魔法兔(Magic Bunny toothpick holder)(图4-1),它让小牙签也有了美丽的家。

图4-1

迈克·格雷夫斯的魔法则是让快乐的小鸟停在了比例完美的水壶壶嘴上。当水烧开时,大方的小鸟就开始了愉快的歌唱,带给人们无限的热情(图4-2)。几年后,这款鸟鸣壶(The Kettle with bird)有了个兄弟,让喜欢歌唱的鸟儿不再只停留在燃气炉上,这个带着尾巴的电热壶(图4-3)可以在家里的任何地方开演唱会,这也让那些喜欢泡茶的国家中的很多人从此变心爱上了较年轻的弟弟。

图4-2

图4-3

接下来登场的魔法大师是亚力山得罗·曼蒂尼,他让麻雀真正变成了凤凰,冰冷的红酒开瓶器被他整形成了性感妖娆的女神——安娜·吉(Anna G .corkscrew)(图4-4)。安娜·吉初次登场时,她的海报就是一张模仿裙摆被风吹起的玛丽莲·梦露的照片(图4-5)。

图4-4

图4-5

虽然安娜·吉大受欢迎，但在ALESSI里真正拥有教父级地位的是菲利普·斯塔克的多汁的沙利夫柠檬榨汁机(Juicy Salif lemon squeezer)(图4—6)。从ALESSI家族合影中（图4—7），偏心地只找它的合影就可以看出这个怪异的金属榨汁机在ALESSI的地位了。这是一个奇怪的产品，因为它从一出生，就不是什么有着实质功能的家居产品。菲利普·斯塔克自己解释说，沙利夫存在的真正目的不是去榨千百万个柠檬，而是想让一个新上门的女婿能与岳母有些饭后的谈资。事实上，这个金属榨汁机有着这样那样的缺点，比如柠檬汁中的柠檬酸最终会从外表腐蚀它那光洁的铝质身体；再比如在使用时要在顶部放上柠檬，向下的压力会使尖利的三只足扎入我们的木质桌面里……然而这些都不能抵挡我们购买沙利夫的热情，因为它是那样的与众不同。

但ALESSI的这些美梦并不是独立完成的，ALESSI靠的不只是设计师，还有许多为共同的梦想努力的人们。ALESSI的设计部门和世界上顶尖的、知名的各国设计师合作，设计师初步构想完成后，生产管理部门就负责执行，但也会和设计师进行协调。虽然这样来来回回沟通会花去不少时间，但他们努力要维持设计师最原汁原味的创意，所以不会用技术和生产过程这些问题为难设计师。只要设计师敢画出他的梦想，ALESSI就全力以赴地让美梦成真。

网址：http：//www.alessi.com

(图4—8～图4—13)

图4—6

图4—7

图4—8 KING KONG吉罗通多垃圾桶

设计：Robert Venturi和Stefano Giovannoni

最初采用金属材料，后来这些孩子般的设计演化成了塑料，还衍生出来一系列的产品，如项链、蜡烛等。

图 4–9 Din–don 玻璃杯

设计：Alessandro Mendini 和 Cha Young Hee

带亮蓝色底座的水晶玻璃杯，可以分别供白酒、红酒、香槟和水使用，现代与奢华的完美组合。

图 4–10 ASTA 餐具系列

设计：Alessandro Mendini 和 Annalisa Margarini

一系列的餐具设计，分工明确，线条简约，朴素中带着优雅，能让艺术成为生活伙伴的产品设计。

图 4–11 NONNO DI ANTONIO 大蒜榨汁器
设计：Robert Venturi
采用拟人手法，儿童化的设计符号和更为成人化的色情效果相冲突，就像马戏团的小丑一样。

图 4–12 SEBASTIANO 铅笔座
设计：CSA–Massimo Giacon
PMMA 树脂制作的胖胖的小人，牺牲了自己，只为了给别人快乐与感动。这样的笔座当然能让枯燥的学习和工作变得有趣又开心。

图 4–13 LOVE 爱心碗
设计：Miriam Mirri
胖乎乎的碗，美丽的外壳采用了PMMA 树脂，带来温暖而不烫手的触感。内层为不锈钢的设计，干净整洁。有亮蓝、橙色、紫红三种艳丽时尚的色彩。

链接：

著名家居产品设计师之菲利普·斯塔克（Philippe Starck）

菲利普·斯塔克（Philippe Starck）出生于1949年，是20世纪最有影响的法国设计师之一。他的设计几乎涵盖了现代生活中所涉及的一切，从宏伟壮观的纽约Royalton与Paramount饭店到香港半岛酒店别具一格的Felix餐厅，从Microsoft设计风格迥异的新型鼠标到弗洛卡瑞尔公司出品的造型奇异的牙刷，他的精彩而脱俗的创意一次次地让世人惊叹而又匪夷所思。

20世纪70年代，斯塔克在周游世界之后，于1978年回到巴黎建立了名为“斯塔克产品”的设计制作与销售公司。1982年，他与四位设计师一道完成了爱丽舍宫总统私人住宅的室内改建工程，从此红遍全球。“我觉得自己是个设计师，也是个商人”，斯塔克身上集合了设计师的严谨与商人的精明，一直致力于将设计和市场这两种完全不同的“游戏”进行全方位的对接。在他的思路里，设计不再是枯燥的手工活，品牌不再是虚无缥缈的概念，市场不再是冷酷的战场，将它们组合起来，辅之以年轻的热情，Philippe Starck拥有了一根让世人羡慕而又嫉妒的“金手指”，点到哪里，哪里就会产出财富。（图 4–14～图 4–18）

图4－14 DR.系列个人卫生用品

分别为Dr.Spoon耳勺、Dr.Kiss牙刷、Dr.Kleen牙签、Dr.Cheese齿间刷。1998年由ALESSI公司生产。

图4－15 “魔剑”（亚瑟王的剑）

一把洗刷厕所的刷子，也能用如此神圣的名称。可见在斯塔克的心中，一切东西都能是高贵的，也都应该是美丽的。

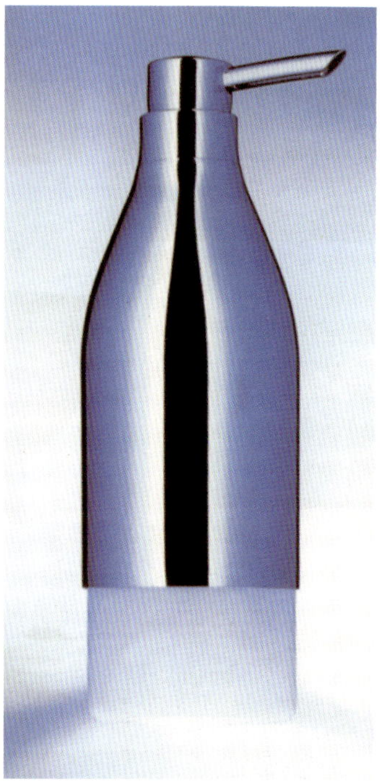

图4－16 AXOR STARCK洗发液瓶

设计灵感来自于葡萄酒瓶，可以装500ml的液体。简洁的外形设计意在强调功能而非隐藏。

图4－17 DR.SKUD苍蝇拍

能站立的苍蝇拍已算少见了，更特别的是拍子上还印有自画像，这也算是斯塔克天性里的幽默与不安分的因子在起作用的结果吧！

图4－18 HOT BERTAA水壶

由ALESSI公司生产的这把水壶，用塑料和铝搭配而成。明确的雕塑式流线型泪珠轮廓，是斯塔克作品中常用到的形式母体。

4.2 HOGRI 永远的欢笑

厨房里的那些刀叉、锅铲、汤勺……是否只能是闪着冷酷的光芒,冰冷冷地等待我们去使用呢? 那已经令人厌烦了的冷酷餐具和炊具是否也能带给人温暖和欢乐呢? 用餐时间明明是让人期待的开心时光啊,为什么我们却必须要习惯极简单的钢硬线条的产品? 为什么餐具不能更可爱些呢?

这个问题其实不难回答,至少来自世界上最严谨的国度——德国的家居制造商就给出了一份令人满意的回答。德国的家居设计品牌HOGRI,以一种最简单的方式赋予了金属产品新的生命,一张笑脸就能改变一切。在常见的小工具上设计出可爱的小脸和生动表情,造型虽简单,却能以几笔带过的流动线条,呈现出餐具的人性生命。幽默、可爱、充满雀跃的设计,就是HOGRI的独特风格。这些可爱的家居用品,有着独特的个性魅力,它总能令人感到新鲜,带给人不尽的惊喜,不断展现无人能敌的时尚冲击力和永不褪色的亲和力。

HOGRI是一个德国家族企业,建立于1909年,它擅长运用德国工艺制造贵金属工艺品。由Philipp Honer 和 Silvester Grimm两位创办的HOGRI公司,一开始只是做餐具以及一些礼品等。经历了第一次世界大战后存活下来的HOGRI,在第二次世界大战期间除了餐具之外加入了许多产品。1990年网罗了两位设计师Hans Gabriel Schroll和Eleganza 加入这个创意性的团队。1998年,公司开始生产沙拉餐具,由设计师Hans Gabriel Schroll创造的永远的朋友(Friends Forever)系列诞生,成了HOGRI现在最畅销的系列商品。永远的朋友系列就是以为生活带来一些乐趣作为出发点而设计制造的,让每天陪伴我们的刀具、叉、茶匙们都拥有了开心的表情,仿佛小精灵们分享着你每一天的用餐时光,让人快乐无比。已经成功运作了四代的企业,至今仍保持着家族的传统承诺:坚持高品质及与有共同目标的商家合作。今天,HOGRI 的产品保持着一贯的设计理念,功能与质量兼优的产品和外包装整体搭配,让看过的人都不经意地发出会心的一笑,从而再也不能忘怀,让不锈钢这种冰冷的传统材质变得温暖而愉悦。有了HOGRI的快乐厨房杂货,做饭和用餐的每分每秒都是令人期待的开心时光!

而HOGRI带来的快乐到底有什么特殊呢?就让我们来细细品味一番吧!

这个欢乐家族里不仅有妈妈、爸爸,还有很多的孩子。每个成员都很有特色。

妈妈总是开心地笑着,似乎从来不被家务活难倒。开怀妈妈锅铲(Turner)(图4–19)就是这样一个永不知疲惫的微笑大使。以弯弯线条创作出的可爱又温柔的妈咪脸庞,特别日子里送给妈妈或是喜爱做菜的自己最为实际,每天陪着我们开心炒菜! 锅铲上的妈咪是充满活力的庞克头造型,笑眯眯的脸庞陪伴我们度过热乎乎的炒菜时光。再加上经过实验证明,这款锅铲即使在滚水中烧热五分钟,握柄部分也不容易烫手,为我们的快乐再上了一重保险。

图4–19

妈妈在,爸爸当然也在。谁说爸爸不能帮忙做菜的,夫妻一起在厨房里弄点简单的食物,是非常温馨的事情。无论谁从后面看着爸爸妈妈恩爱的背影,都一定会被深深感动的。太阳爸爸漏勺(Skimmer)(图4–20)让爸爸也能乐于随时帮忙做菜。以后煮煮意大利面就可以全家一起来,爸爸在一边沥干食材和面条,妈妈负责调味,轻松惬意。大大的太阳脸,带着爸爸特有的憨厚表情,能轻松捞起所有的面条。仔细看看握柄的地方,还会发现原来里外共由两层白钢材质构成,外部包裹的白钢可以阻隔握柄的温度上升,握起来安全而舒服。

图4–20

有了爸爸妈妈，又怎能缺得了宝宝呢！现在轮到调皮的孩子登场了。开心男孩派对食物叉(4 party skewers)(图4-21)就是一群最快乐的宝宝，站着呆呆笑的小人，顶着三丛头发，可爱的造型，好像正在等待你拍拍他的头。呆呆的表情让你轻易相信他所在的地方就有好吃的食物。可以当作派对的食物串，串起起司、水果、火腿，这就是简单又美味的派对食物了，平时也可当作餐点或水果叉使用，非常方便。其实，就算它什么也不做，那张憨憨的笑脸叉在食物上当作装饰也能让人心情开怀，它能让平凡的食物变得受欢迎。家有小孩的人们看了一定也会微笑，短短的叉柄让小朋友也能自如使用。

图 4-21

宝宝不会永远只有一副表情，所以战栗表情茶匙(4 Espresso spoons)(图4-22)才会来到世界上。它们似乎在说好害怕喔！我们真的要下水了吗？这杯热茶看来很烫耶。这四只胆小的小茶匙，以生动的表情陪伴你的午茶时光。HOGRI以一贯幽默的生动设计，诠释颤抖的表情。茶匙的设计还考量到了握柄和匙面的弯曲弧度，拿取时好握又顺手，在小地方都可以看出HOGRI坚持的用心设计。

这些产品都忠实地反映出了HOGRI的宣传语：给一个微笑，你就能赢得整个世界！(Give a smile and you win the world!)而这样的产品又怎能不让人想通通带回家，成为独家收藏品呢！

网址：http：//www.hogri.com

(图 4-23～图 4-26)

图 4-22

图 4-23 HOGRI 牙膏卷压器(tube squeezer)

牙膏用了一阵子，尾巴扁了，不美观也不方便了。用它，轻轻松松就可以帮你把牙膏料理得整齐有精神。尾巴卷起来，旁边是开心的微笑。每天早晨都能用笑脸为你加油，告诉你今天又是美好的一天。

图 4-24 HOGRI 万用餐点夹(serving tongs)

这支向你微笑的餐点夹，在你夹每道菜时，向上翘起的嘴角，无时无刻不在提醒你保持微笑般的用餐心情。

图4–25 HOGRI 优雅妈妈蛋糕刀(cake slice)

温柔的笑脸妈妈，穿着优雅的星星洋装，一派悠闲的模样为你端上刚出炉的可口蛋糕。这个可爱造型的蛋糕刀深深吸引小朋友的心，尤其在切生日蛋糕时。

图4–26 HOGRI 好朋友餐巾环(2 napkin rings)

总有一些害羞的客人会在餐桌上不知所措，陷入沉寂，如若你是贴心的主人，那就让笑脸相迎的餐巾环为尴尬的气氛带来话题吧。

链接：

著名家居产品设计师之迈克·格雷夫斯(Michael Graves)

当今最引人注目的后现代设计大师，建筑设计师和产品设计师迈克·格雷夫斯 (Michael Graves) 生于1934年，曾在辛辛那提大学和哈佛大学接受了建筑学的培训。自他在1964年在新泽西州的普林斯顿创办自己的设计事业以来，格雷夫斯就一直处于设计界的最前沿。他的作品从巨大到微小，涉及范围包括建筑设计、室内设计、家具设计以及家居产品设计。他在1999年被选为年度GQ杂志人物。社会对他的欢迎度使他在设计界中带有一种神秘的色彩，他按着自己的方式活跃在设计的世界中。

格雷夫斯本人就像一个谜，因为没有哪位建筑设计师会像他那般留心家庭事物，他对家居产品设计的极大热情让人吃惊。他那与众不同的设计风格都源自那些与家有关的东西，同时还能与时代特征完美地结合起来。他为ALESSI设计的鸟鸣壶是该公司推出的第一个，也是最成功的一个后现代主义风格的产品，它的销量一年比一年好，取得了巨大的成功。由于他杰出而努力的设计工作，他甚至拥有了所有设计师都想达到的梦想——拥有在所设计的几乎每一件作品上标上自己名字的机会。在他的眼里，最高的评价是人们告诉他，他的产品不仅非常好用，更重要的是"它们总是不断增添生活情趣，这总能让我感觉非常愉快。"(图4–27～图4–31)

图4–27 为ALESSI公司设计的餐杯餐碟组合

大胆的色彩和简洁的构成，一定能将餐桌的气氛活跃起来。后现代混杂的设计思维体现在它的身上确是一种独特的格调。

图 4－28　为 ALESSI 公司设计的小型咖啡杯

这一系列咖啡组合还包括有配套的咖啡壶。镂空的铆接工艺，代表着他对优素·霍夫曼和维也纳制造工厂的有意推崇。

图 4－29　为 ALESSI 公司设计的奶酪碟

由于他曾为沃尔特·迪士尼公司工作过，所以在他的作品里能看到很多“米老鼠”的身影。不过由老鼠来守护奶酪，这可是一件比较有趣的事哦。

图 4－30　为 ALESSI 公司设计的钟

格雷夫斯被誉为是 20 世纪 80 年代 ALESSI 最伟大的设计师。他为 ALESSI 公司所设计的产品都有很好的市场收益。也许人们就是被这些拍着翅膀做圆周运动的鸟儿打动的。

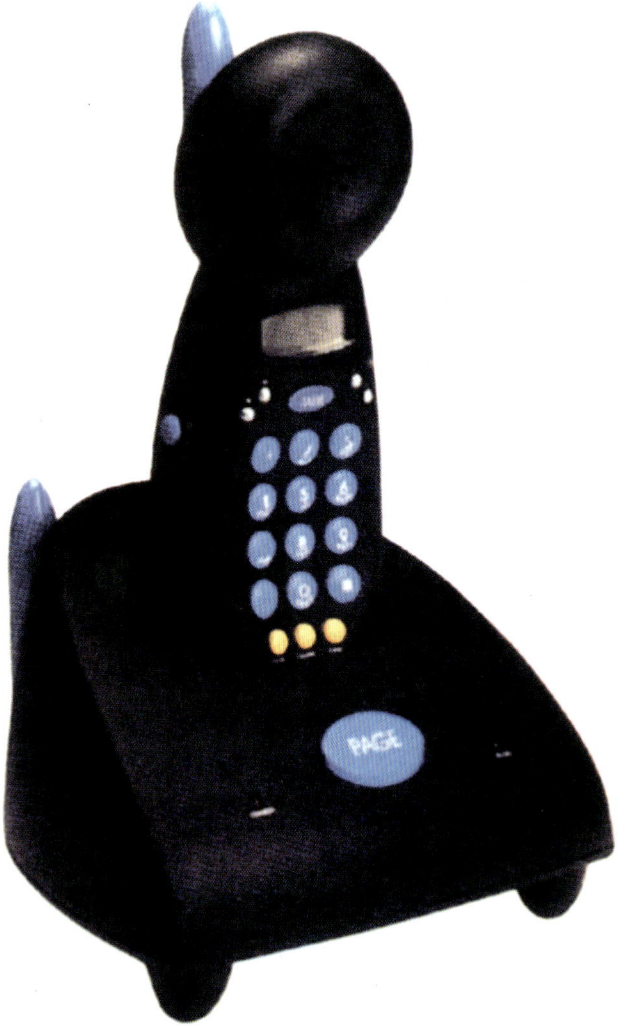

图 4－31　为 TARGET 公司设计的无绳电话

圆墩墩的电话，像一个开心而忠实的朋友，耐心地等待着为主人服务。大胆的蓝、黑色搭配，既醒目又是那么的协调。

4.3 PROPAGANDA 泰国式的幽默

怎么样才能让拿生殖器做文章的设计不被人说是“下流”呢？这可能很难办到吧。泰国本土设计师差育·帕拉碧(Chaiyuk Plypetch)和空拉纳·桑诗里威差(Kunlanath Sornsriwichai)却认为这是一件容易的事情。他们也确实找到了两全其美的办法，那就是采用幽默而大胆的表现手法。泰国的原创家居品牌PROPAGANDA推出的最畅销的系列就是那个带点害羞，实际却很大胆的小男孩MR.P，这个成天露着小弟弟的男性，不再让人羞于观赏，而是企图拥有仔细把玩。泰国式的幽默被PROPAGANDA完美地演绎了出来。

诞生于1996年的PROPAGANDA，是由几位泰国广告人联合创立的，之后精彩的作品便在各项国际设计比赛中大放异彩，在2002年推出MR.P系列后，鲜明的形象使品牌在亚洲的年轻消费群中人气迅速激升。PROPAGANDA在英文中的解释是传教总会，PROPAGANDA的设计理念和传教似乎也有那么点联系，不过他们传递的是快乐，他们试图将生活里所有的物品都赋予幽默的生命。PROPAGANDA出品的产品，让看过的人很难不喜欢，也很难不从心底深深佩服这群有才华的年轻设计群。幽默、简单是PROPAGANDA产品的主要精神，设计的范围涵盖了杯、盘、烛台、台灯等日常生活所用的大小物品。产品中令人赞叹的原创思考和功能，让人喜爱。简单线条的设计下，漂亮的幽默感绝对来自不简单的坚持。

PROPAGANDA的产品形象中虽然完全没有泰国元素，但内在包含着无尽的泰国韵味，PROPAGANDA的业务拓展总监曾这样解释道：“我们不走东方情调，用的也不是传统泰国手工艺的木、竹，但我们表现的个性却是百分百泰国的。泰国是‘微笑的国都’，我们泰国人幽默、好玩、不正经八百的性情，都贯穿在我们许多的设计中。”PROPAGANDA的两位主力设计师的作品虽然深受西方设计界青睐，但他们都是“原汁原味”的泰国本土设计师。空拉纳说：“互联网改变了泰国的设计，让他们看到了原来还有可以跟以前不同的设计方式和手法。“西方的影响让我们学到了怎样设计出跟全世界沟通的作品，但我们也只是利用西方的手法，最终我们要表现的，还是泰国的文化与精神。”所以才有了MR.P这个成天光溜溜的小家伙。MR.P系列产品总是能逗人发笑，可它们都有个不快乐的外表，这样一个奇特的组合让人在笑过之后难免深思。在MR.P产品的外包装上常印着“一个孤独的男人”（ONE MAN LONELY）、“一个哭泣的男人”（ONE MAN CRY）、“一个男人的突破口”（ONE MAN HOLE）等字样，这些可并不是让人发笑的形象哦。而泰国人信佛的背景也深深地影响了PROPAGANDA的设计风格。如果说，MR.P的创作人差育·帕拉碧(Chaiyuk Plypetch)反映了泰国人搞笑的一面，那么空拉纳·桑诗里威差(Kunlanath Sornsriwichai)的“点到为止”的设计哲学，则反映了他受到佛学禅理的影响。他的作品线条干净、简约，让你思考而不仅是发笑。

MR.P被公认为泰国的“米老鼠”，不过他那胖乎乎的形象似乎更像是蜡笔小新。这位P先生也并不总是大胆的，他也有害羞的时候，就好比MR.P有点害羞桌灯（MR.P One Man Shy Lamp)(图4−32)。灯罩巧妙地遮住了他的脸，让他可以勇敢地翘起自己的小弟弟。是的，想让他亮起来的唯一方式就是按按他的，那里。虽然要做到乐而不淫有如走钢索，但拿捏得恰到好处，就是可爱逗趣了。

而MR.P卡住了酒瓶塞（MR.P One Man Stuck Wine Stopper）（图4−33）则是用的另一种方式来调侃情色。MR.P 矫健地奋勇向前，无奈，卡住了……而卡住的地方又是那么尴尬。进餐的时候，让MR.P用最宝贵的零件来保护你的葡萄酒，真是个美妙的想法。这个极有性趣味的产品，带给人们的是略带苦涩的笑意。

图4−33

图 4—32

P先生也是有多面性格的大人物呢，除了有点暴露倾向外，MR.P也有深沉的一面的。孤独的守望者烛台（MR.P One Man Lonely Candle Holder)(图 4—34)就展示了这个男孩的另一面。这一次，P先生独自一人蹲着小小身体、抱着膝盖，静静守候着烛光，沉思着。是否很像自己心情不好，谁也不想搭理的孤独模样？随着蜡油滴落仿佛小男孩也流出了眼泪，你是否也听到了他内心的独白呢？

图 4—34

现在小男孩又用另一种方式来发泄他的不满了，吐舌头小人胶纸座(MR.P One Man Try Tape Dispenser)(图 4—35)登台了。看看这个逼真得不得了的胶纸座，MR.P 正在努力做着仰卧起坐，一心一意想要奋力再来一个。长长的舌头拼命地想要够着自己的双脚，那无奈的表情让人发笑！底部有防滑的品牌标示，卷动胶带时还能稳稳地坐得牢，绝对是个充满趣味创意的桌上小物件。这次连自残都玩上了的 MR.P，绝对是在挑战使用者的心理素质。

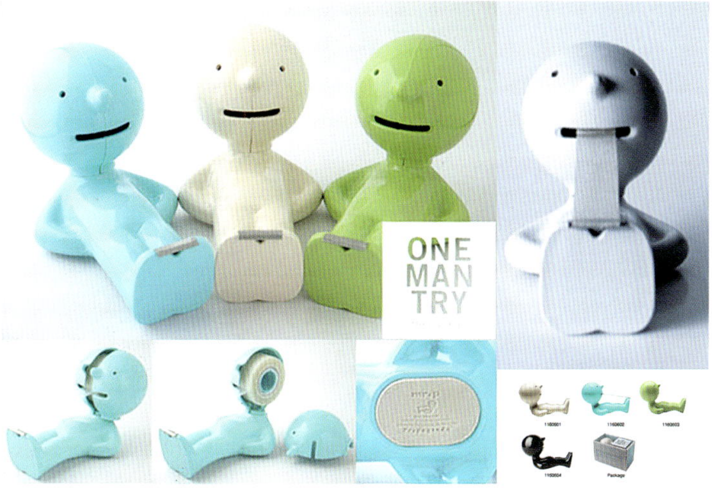

图 5—35

带着一脸怡然自得的表情，自在得连衣服都可以不穿的 MR.P，全然不顾观众的感受。以出位的玩法入世，回归到日常中的坦诚相对，在无聊中找点乐子。PROPAGANDA 带给我们的不仅仅是好玩有趣的产品，更有无穷的生活哲学。

网址：http://www.propagandaonline.com/

(图 4—36～图 4—39)

图 4—36 哭泣的男人门档（One Man Cry）

如果有一个男人愿意牺牲自己，用自己的身体承受痛苦，只为了替你挡住将要关闭的大门，看到他那愁苦的脸庞，相信你也会疼惜他的。

图 4—37 有点疼痛杯垫（One Man Ouch）

真是不知道 MR.P 是怎么想的，要为别人服务也不用总是采取自虐的方式吧！也许这位可爱的先生认为这样才能体现他的真心吧！

图 4–38　挂着的男人挂钩（One　Man　Hang）

泰国人的带点色色的幽默因子再次在 P 先生的身上完整地体现了出来，他大方地让出他的重要部位供人们使用，只是他不害羞，用的人却不一定哦。

图 4–39　有洞的男人（One　Man　Hole）

漂亮的便签簿上印的确实是一个重要部位有缺损的男人，设计师也许是希望看不下去的使用者们用手中的笔帮他修补上这个小小的缺点吧！

链接：

著名家居产品设计师之卡瑞姆·莱西德(Karim Rashid)

卡瑞姆·莱西德（Karim Rashid）1960 年生于埃及，成长于英国和加拿大。1982年毕业于渥太华卡尔顿大学工业设计系，后赴意大利那波斯顿攻读研究生课程。曾经在米兰的罗德福·本托工作室工作一年，后返回加拿大，加盟肯（KAN）工业设计事务所。1991 年创立自己的设计工作室，1993 年迁至纽约。主要客户有 IDEE、ISSEY MIYAKE、UMBRA、SONY 等公司。曾获布兰克林博物馆艺术奖、1998 年美国设计师协会奖和 1999 年乔治·纳尔逊奖，先后在旧金山和纽约现代艺术博物馆举办个人设计作品展。他评价自己的作品为“强调原创性，至少有一点独特之处。”

时至今日，他已成为美国当今最成功于多产的设计师，梦想“用设计改变世界”。对他而言，设计不只是涉及美学追究或者只是一个服务行业，而是可以促进社会发展，改变人们生活体验的经济与文化的结合体；设计不只关系到市场运作，而是一项值得开拓的事业。莱西德一直将商业发展与传播和理念结合在一起。他还在费城大学工业设计系执教，并为多家设计杂志撰稿。（图 4–40～图 4–44）

图 4－40　新的流动玻璃曲线系列花瓶

该系列花瓶采用了莱西德最热衷的设计主题——有机设计，这些花瓶都拥有着迷人的曲线，不是用抽象的规则去设计，而是呼应生命的形态。

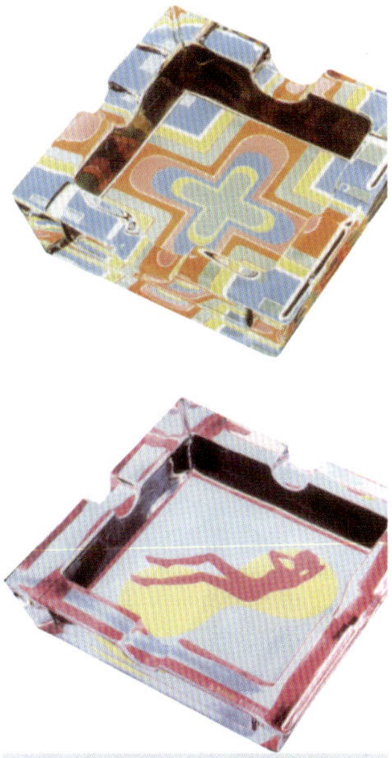

图 4－41　烟灰缸设计

简洁的形态加上艳丽的色彩和醒目的图案就构成了莱西德标志性的设计作品，这一组烟灰缸设计将极简主义引向了更为感性的方向。

图 4－42　烛台设计

完美的曲线比例，冷峻的质感，即使不加任何装饰，这个烛台也是美的，这就是莱西德的高明之处。

图 4－43　躯干形手提袋

塑料的柔软特性被合理地用来表现女性富有曲线的身体，不论是手感还是情感，都能得到极大的满足。这样的手提袋当然让人愿意使用了。

图 4－44　Kup 烟灰缸和 koop 笔筒

矮一点的是烟灰缸，高一些的是笔筒。这些具有雕塑特征的小家居产品为房间平添许多快乐和活跃的气氛。烟灰缸还能沿着分模线的位置打开，便于清洁。

4.4 KUNG FU KIDS笑傲江湖的大侠

中国是四大文明古国之一，在这个历史源远流长的国度里，有很多值得我们骄傲的财富。除了瓷器，可能中国最出名的文化就是中国功夫了。那个打遍天下的中国小子——李小龙，将中国功夫以电影这个纯西方的形式带到了世界的面前。2000年，国际奥委会已经把中国武术正式列为悉尼奥运会的参赛项目。今天，遍布世界各地的中国功夫武馆也显示出这种来自东方的古老运动受欢迎的程度。

中国功夫，不仅仅是搏击术，更不是单纯的拳脚运动。它是中国传统文化的体现，是世界上独一无二的“武文化”。它的思想核心是儒家的中和养气之说，同时又融合了道家的守静致柔，释家的禅定参悟，从而构成了一个博大精深的武学体系。中国功夫的种种，让人不禁叹为观止，心驰神往。中国拳法讲：外练筋骨皮，内练一口气。 不练肌肉之力，专练筋骨之力，所以称为“劲”。气在中国来说，无以名之，无法具象，只能从一点一滴的扎实累积里磨炼酝酿。

这样玄妙而丰厚的文化资源，当然不可能躲过设计师的慧眼。来自香港的设计师就以“气”为名，带来了一系列趣味十足的家居产品设计。KUNG FU KIDS（中文名：功夫小子）品牌由香港力思设计公司推出，在2004年一问世，那份从年纪轻轻的香港设计师血脉里泉涌宣泄的创意就让世界各地的功夫迷忍不住为他经典中充满着诙谐哲学的气势所折服。那一招一式里都透出神秘的东方传统韵味来。中国功夫历来主张通过训练，以转换在身体里流动的“气”。“气”被认为是“能量的平衡”。现在，中国功夫的独特威力被一组造型简洁传神的小人，一一演绎了出来，精彩的中华武术秀正式开场。

首先登场的是“一托天下的功夫”胶纸座（图4-45），乍看这场景就仿佛见到苦修的僧者在瀑布的冲击下寻求一段今世的修行，那似一托天下的气势和姿态将胶台和胶带完美地结合，化为自然中动态的景致，那避世修行的大侠气质颇有几分“禅”的味道，让人不得不产生瑕想和佩服之情。

传说中的武林高手据说可以用飞叶伤人，剑人合一，功夫小子的水平显然还不足以达到如

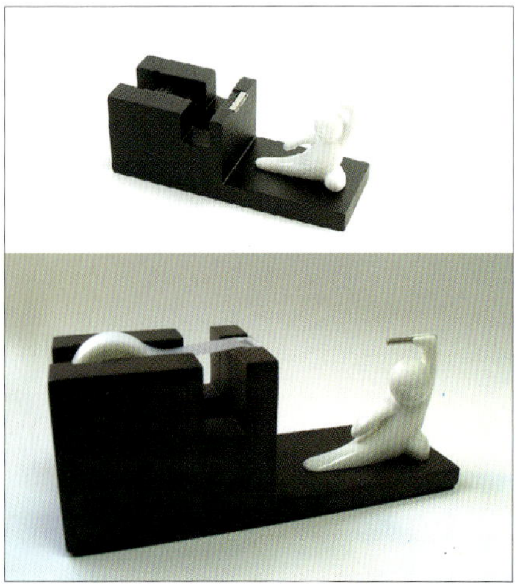

图4-45

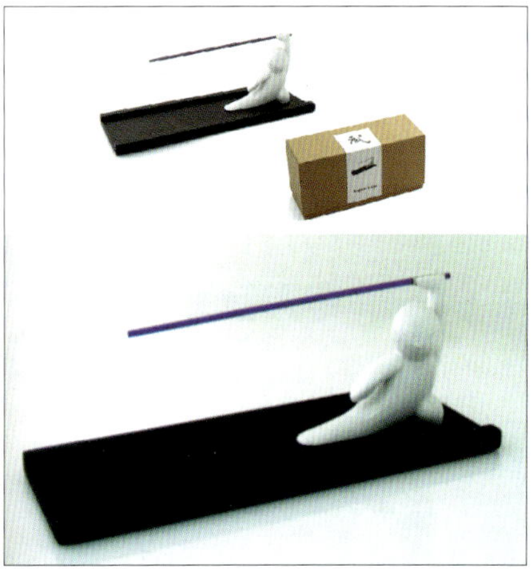

图4-46

图4-47

图4-48

此境界，但丝毫不影响他以熏香为剑，剑气如虹，以“气”为武器在方寸之间叱咤江湖。“一炷香的功夫”线香座（图4−46）不仅能让你再次感受到金庸小说中善于使剑的武林高手的独门秘技，还能让你的小窝里飘满你喜欢的熏香味，让你的眼睛和心灵都来一场SPA的洗礼。

而“一举千斤的功夫”烛台(图4−47)则表现出了只要一鼓作气，奋力图强，就如泰山压顶也面无所惧，这就是中国功夫的“气”之神韵。以力拔山兮的勇气擎起山一般的浪漫烛台，还能面不改色，想当年的一世豪杰项羽也不过如此的气势吧。这样的烛台，即使看着也能让人镇定心神。要是搭配使用具有舒压减缓功效的香熏蜡烛，既可以为生活增添浪漫情怀，又可以起到安宁心绪的双重作用。

还有“一抬腿的功夫”CD架(图4−48)，可爱的功夫小子这次不再客气，以超级无敌的龙腾姿势，以排山倒海般的气势踢向林立的木制森林，大有腿来谁挡的架势。好在林立的森林也不是吃素的，结构扎实，身材敦厚，任你拳打脚踢我自屹然不动。生活的乐趣，就在这样一招一式的细节中。请挑出你最独特、最喜爱、最常听的那几张碟，放置在他的威力范围内，让水样的音乐在一段刀光剑影中流淌……当然，你要是高兴，还可以把它用来放名片或文件……

不过这个强壮的小子可不只懂专心练功哦，他也有开小差的时候，“一照镜的功夫”多用镜子（图4−49）就是他的罪证。有点自鸣得意的功夫小子这次有点臭美，时不时做一个标准的单腿站立的姿势，抬腿向明镜，对影成双人，一个人的寂寞在明镜照耀之下被清晰地折射出来，也难怪他会时不时地臭美一下。因为再艰难，也要不忘记欣赏自己。当然，他除了可以作为镜子使用，那让他尽情表演的高台下面其实是一个收纳盒，可以放置常用的小物件，首饰、手机、化妆品，就随你的心情了。

这个饱含着中国风格的一系列经典设计，竟然能凭着一份年轻而大胆的破格创意让原本根植于血统里的文化脉搏，突然如同锐利的剑气，汹涌穿流出一股前所未有的磅礴气势。随着创意脉络一路延伸发展，KUNG FU KIDS如同太极意念一般无所不在，在每个细微之处透出典雅深邃的内涵，蕴含着一种对生命和宇宙的参悟。(图4−50～图4−52)

图4−49

图4−50 “一举成名的功夫”手机及笔座

身处这个狭小的空间有谁能不害怕，看看冷静运气的功夫小子一点也不胆怯，处于如此困苦绝境中，坚强、抗争、奋斗、前进，才是其应有的风格。陪你在桌边努力奋战。

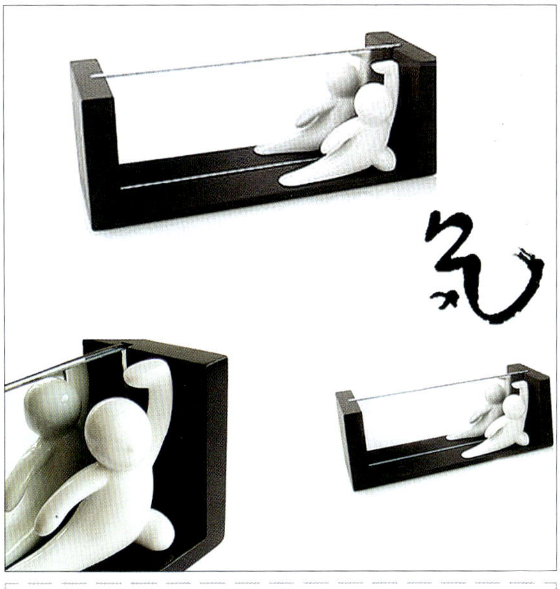

图4−51 “一鸣惊人的功夫”镜子相架

别看只是一个简单的招式，他时刻提醒你：生活中哪怕再艰难，也不要忘记欣赏自己，保持平和的心态是最重要的。

图 4—52

图 4—53

图 4—54

链接：

香港设计师之许夏林（Eddle Hul）

香港设计师许夏林是香港 SEMK 公司的创办人兼首席设计师，香港 SEMK 公司是目前香港设计界迅速蹿红的家居产品公司。1991 年，为推动香港产品设计走向世界舞台，香港贸易发展局设立“设计廊”，致力推动香港的原创精神，销售香港设计师发挥创意设计的珠宝首饰、手袋、玩具、文具、礼品、电子产品、家庭用品等优质作品。许夏林就是与香港“设计廊”有着良好合作的香港本土设计师之一。

作为香港年青一代的设计师，他认为在现代快节奏的生活方式之下，人们需要一些更为轻松、有趣的产品，而不是那些一板一眼，严谨规范的东西。他希望生活也可以像空气一样，无拘无束不受限制。因此在产品中大胆应用各种新材质、生动的造型以及时髦的颜色，将生活用品变得幽默而欢愉，充满活力。其设计的有点优雅，有点现代，有点搞笑，有点温暖的家居小件，总是能让人爱不释手，会心一笑。在许夏林为 SEMK 所设计的产品中，结合了激励人心的缤纷颜色以及鲜明的材质特性。各样丰富的可用材质，经过出人意料的化学作用并结合效果之后，诞生了叫人惊异的独树一格的设计创意。就如同他所坚持的完全不受拘束的自由生活信念一般。（图 4—53～图 4—58）

图 4—52 “一举成名的功夫”名片夹及座钟

哪怕此刻泰山压顶般沉重也能一托天下的功夫小子，行走江湖怎能没有点真功夫呢？一气呵成就能完美地将时钟与名片、留言夹一起托起。

图 4—53 Twins 音箱

这对音箱是“长腿”家族的成员，它的创意来自“有生命的声音让世界更完美”。它手感柔软，方便手握，有让声音在手间跳舞的蕴意。长腿可不是为了造型，而是为了让它更稳定。

图 4—54 Slantime 挂钟

让人们从不同的角度能看到不同的它。不同花纹的面孔也给它带来了不同的情感表达。

图 4–55 T.Dog 纸巾盒

可爱的小狗嘴里叼着洁白的纸巾翘首期盼，似乎在等待主人的赞赏。家居产品也能像宠物一样有情感和生命。

图 4–56 Giant 挂钟

这个巨钟的独特想法来自“塞姆克的目的：发现”。没有面板的设计是为了产生对时间的一种概念性和富有空间的感觉，并暗示着对发现时间的智慧。

图 4–57 Gido 烟灰缸

烟灰缸体隐藏在胖胖的刺猬的身体里，产生幽默的同时，也方便拿取，还兼有稳定性。

图 5–58 Radio cube 收音机

生活可以很简单，每个人的生活空间里都有着各种各样的几何图形和线条。收音机方块柔软、可爱、色彩活泼，为人们带来快乐，更显出使用者的特别。

4.5 MUJI“禅”意的生活

生活在消费爆炸、品牌泛滥的时代的现代人,早以分不清自己拥有的究竟是物品本身还是它们的包装,究竟是设计风格还是品牌宣传。在城市的喧嚣中疲惫不堪的心灵需要获得精神上的救赎,就如同生活在过去的人们总是相信有大慈大悲的菩萨一般,现代人也开始企图寻找一种让心灵平静的渠道。与生活息息相关的家居产品当然也应该得到改变,自然而不掩饰,不要华丽的包装纸,没有煽情的广告词,只是让它们尽情地展现本色与原型。让产品更简洁、素净,透出佛教中禅宗的朴素、纯净和高雅境界。

所以,早在1980年,5个日本人决定生产一系列简化包装的家居日常生活产品,无标签、无包装,以抗击极尽奢华的名牌包装。从此便诞生了“MUJI”(中文名:无印良品)杂货铺,通过倡导“无名即是好名”(No Name is Good Name)的理念,传递了它的设计哲学:简单、节约、自然。MUJI的产品没有明显的商标,而且色彩单一,机械地游离于透明、白、灰、卡其色之间。在品牌和前卫已经侵略到人们日常生活的年代,这种反品牌反潮流的产品多少会让商家觉得有点落伍。可是它以“简约、质朴、高品质”的形象深深吸引着人们的视线。如今这种主张无品牌的商品已经变成了一个时下最流行的品牌,甚至是一种文化的代名词,成为许多人追逐、崇拜的对象。它就是MUJI,一个默默关心着人们的日常生活却从不炫耀自己的生活伙伴。MUJI所要传达的主题是简约质朴、回归自然。从它的产品身上,看不到一丝被设计过的痕迹。正如MUJI在招募设计师时所要求的那样:“我们需要的是不做设计的设计师”。

这种普通而低调的设计哲学,被Industrial Facility运用得恰到好处,他们设计的MUJI牌电风扇(图4—59)看上去就“再普通不过了”。这是一个可遥控的风扇,高度可以从84cm升高到104cm,还可以进行速度、方向和频度的调节。他们设计的出发点并不是从产品本身出发,而是空间和风,一个类似飞机引擎的电机房子,风扇的时间都是分配在开(ON)和关(OFF)上,设计表达出了简洁和平衡。

原研哉(无印良品现任总设计师),他对于“世界的无印良品”(World MUJI)的策划就是希望无印良品能从“世界”这个视角出发,保留日式产品风格的同时,让无印良品融入世界各国的文化,探索一种新的可能性。MUJI是一个life style Store,代表一种生活方式的商店。它源于日本设计师田中光一(MUJI的创始人之一),代表的是“简洁朴素、自然环保,注重设计”的理念。无印在日文中是没有花纹的意思,MUJI的“无印”则意为“无品牌”(No Brand)。然而靠着它的无华简朴及还原商品本质的手法,追求低

图4—59

图4—60

调的它反而成为闻名世界的品牌，做到了古人所说的“大音希声，大象无形”无牌胜有牌的境界。MUJI已经被认为是日本当代最有代表性的“禅”式美学典范。MUJI很难让人有一见就欣喜的感觉，但也没有令人厌烦的感觉，就像一面镜子，大有“随缘”、“随喜”的意境。

而“禅”式美学在MUJI中最经典的表现则是由日本工业设计大师——深泽直人设计的悬挂式CD播放机(图4–60)。这款CD机外形与“换气扇”非常相像。只要将CD放进去，拉拉垂下来的绳子，就可以开始播放了。拉一下和拉两下就可以区分开和关，这就很难再出现误操作了。因为拉开关的方式和打开换气扇是那么的相像，虽然明明知道面对的是一台CD机，但在脑海中却总会想着换气扇。所以总觉得优美的音乐会随着换气扇的工作，随风拂面而来。

佛学中还有一个意境那就是“轮回”，在MUJI看来，现代的轮回可以用环保的手法实现，那就是使用再生材料。“可持续”是MUJI强调的特点之一，从设计到生产到消费到回收，始终贯彻“高质低价”(high quality but inexpensive)的原则。所以才会有MUJI牌硬纸板扬声器(图4–61)，它的构成分别为纸板加电子元件。事实上它只有很少的电子元件，而外部则是再生纸板这种被人们认为是垃圾的材料。当这个可携带扬声器不在使用状态时，可以将它摊平，装进一个小塑料口袋中，携带更加方便。

图4–61

无印良品的另一个亮点就是产品的包装。无印良品从色彩到形态都不会给消费者造成视觉负担。MUJI的包装以透明或半透明居多，遥遥望去你就知道那是什么东西，人们没有因此而失去对它的兴趣，反而更加信任它。那半透明的、又有点隐晦暧昧的包装袋透出一种朦胧的美感，以此藉设计师的手抚平现代人那躁动不安的灵魂。

有一句话叫“知足者长乐”，MUJI就是要吸引那些知足的人来购买“普通”的产品，以精神为前提，让生活更快乐，更舒适！

网址：www.muji.net

(图4–62～图4–67)

图5–62 黑色方块喇叭

在有限的空间里，“简洁的体积”本身就是一件很重要的机能。黑色方块喇叭，外观、配色或是尺寸设计，都能充分融入你的日常生活中早就存在的对象。它省略了复杂的接口和操作程序，把时间和空间，留给你喜欢的音乐。

图4–63 PP收纳盒系列

又到换季的时候，逐年增加的衣物如何收纳，成了生活中的一大课题。PP收纳盒系列，尺寸丰富、款式多元，可搭配多种用途及场所，在有限的空间里，做最有效的运用。半透明的雾面感，让收纳成为一种美好的陈列。

图4－64　袋内整理包

终结包包中零乱的小整理袋，使更换包包更便利。在换包包时只要将整理袋移到另一个包包，就可确保不会遗漏钱包、车票、手机等每日必备的携带品。

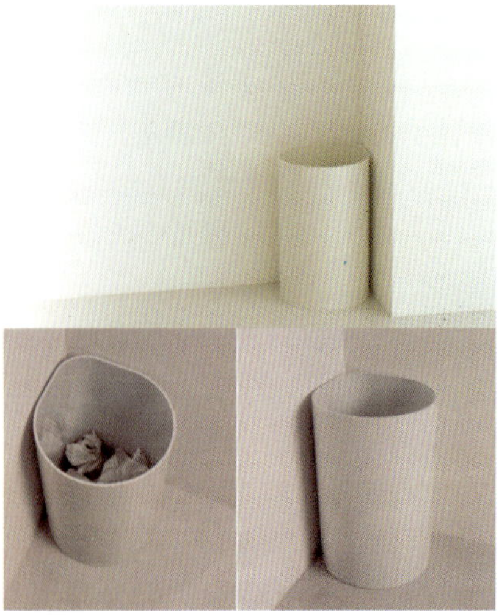

图4－66　角落垃圾桶

可以放在角落里的垃圾桶静静地等待着主人使用，朴素而美丽，也不会有传统垃圾桶因为圆圆的身材而找不到地方躲藏的尴尬。

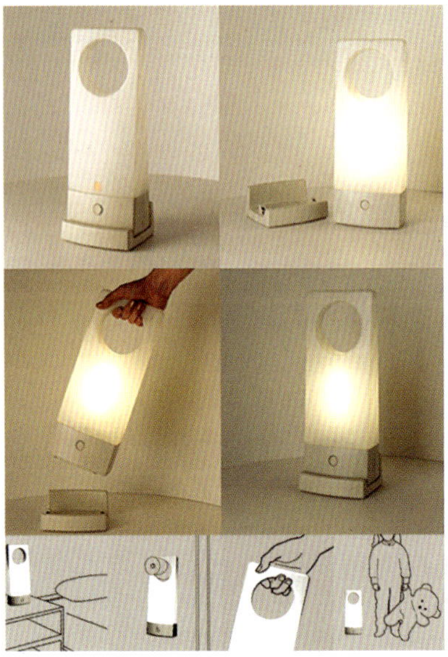

图4－65　多用途灯

简洁而有意思的造型，让温馨的灯变得多变。它可以是台灯，可以是落地灯。更神奇的是这是一盏可以移动的灯，可以拎着走，也可以挂起来用，只要记得时常给它充充电。

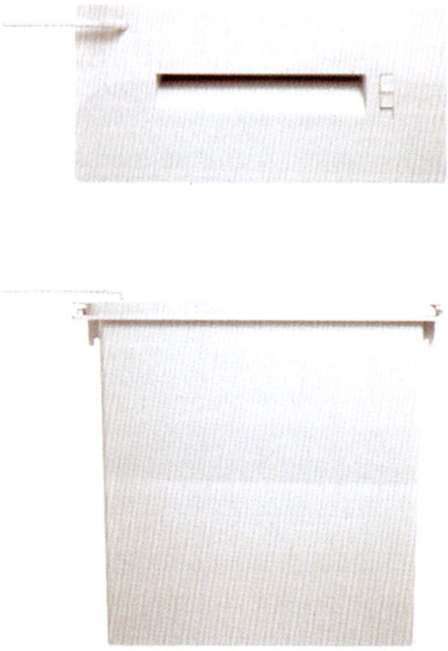

图4－67　碎纸机

它的构想来自于原来市场上已有的无印良品的产品——垃圾篓。它的整体形态与垃圾篓巧妙而优美的形态相似，切纸槽就像在原来的垃圾篓的盖子上切了一刀，不过它们可是具有完全不一样的功能的。

链接：

著名设计大师之深泽直人(Naoto Fukasawa)

1956年生于日本山梨县，在多摩艺术大学学习工业设计。1980年毕业后，曾在日本精工——艾伯逊公司从事产品设计。1989年，离开日本到美国发展，加入了当时还只有15人的小公司——ID TWO工业设计事务所，这家公司就是后来大名鼎鼎的IDEO的前身。深泽直人在那里工作了8年后，在1996年回到了日本，并组建了IDEO日本公司，主要为日本产业界做设计。2003年，他在东京开设了自己的设计事务所——深泽直人设计事务所（Naoto Fukasawa Design）。他同时还为日本"无印良品"(MUJI)公司担任设计顾问。2003年12月，深泽直人推出了自己的一个新品牌，叫"正负零"，这个系列都是电子的家庭用品。

深泽直人对设计有许多独到的看法，并逐步通过设计将这些看法融入企业文化之中。他是少数几位把设计理念和企业文化结合起来的设计师之一。深泽直人设计的作品，都有一种高度理性的次序感，但却能做到有次序而不呆板。他作为一位设计师，常常会关注一些一般人不会注意的细微之处，尤其擅长在下意识领域里展开他的设计工作。(图4—68～图4—73)

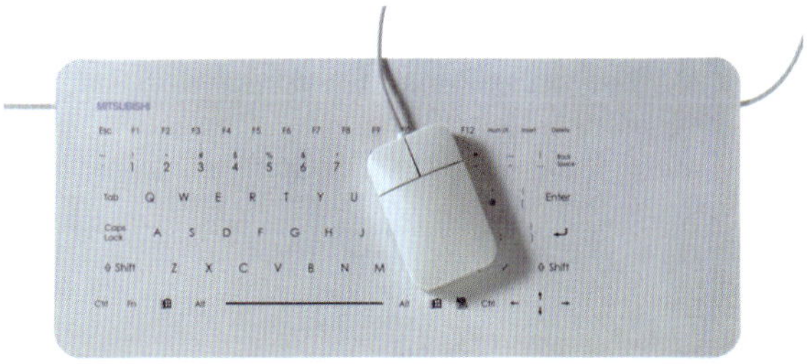

图4—68　键盘鼠标垫

为松下电子所设计。鼠标垫本身就是一个键盘，这样你就可以在同一个平面上边打字边使用鼠标了，形态还是一如既往的简洁干练。

图4—69　鞋底袋

购物袋的造型看上去很简单，不过在功能和细节上却决不含糊。鞋底袋很有意思，它的底部是一个软橡胶的鞋底，这样，你在疲劳时就可以把它放在脏地板上，而不会有任何的问题。

图4—70　瓷砖灯

左边是关灯，右边是开灯。平凡但不普通，精致却不张扬，优雅而含蓄，这个灯所表达的正是我们东方人自己，我们本来就是这样子的。

图4—71　爱普生打印机

简洁到不是一般的简洁，简洁到没有更多的功能。产品的功能被单一化，以表现造型的高雅、别致，这就是深泽直人的"东方哲学"。

图 4－72　乐声牌家用综合炊煮器

深泽直人的设计看似简洁实际复杂，表现了一种"禁欲般的美"，也可以理解为"禁欲般的简洁"。这也许就是"禅"的一部分，本意的、自然的，看似深思熟虑的结果，实际早已存在其中。

图 4－73　±0 空气加湿器

颠覆传统的设计，却又透出浓厚的"禅"意，如甜甜圈般单纯自然的设计，为深泽直人赢得了 2005 年的 Good Design Award 金奖。

4.6 EVA SOLO来杯丹麦的咖啡

100多年来，人们还是难以忘怀那美妙仙境般的安徒生童话梦，似乎提到丹麦，那为了实现梦想奋不顾身的小美人鱼就在眼前自由游弋。是的，丹麦确实是一个童话的国度，那漂亮得过分的城市，和自信的人们，总是会构成最靓丽的风景。人们常说北欧是最会享受生活的地方，丹麦自然也不例外。这个在斯堪的纳维亚五国中最靠近欧洲的小国度，有着让人难以理解的恋家情结。地广人稀的国土和暗夜绵长的寒冬，使丹麦人一直以来对家怀有无比的尊重和关怀。家是栖息的落脚点，家更是社交的空间。丹麦人认为在温暖舒适的家中，饮一杯醇厚香浓的咖啡才是生活的最美妙之处。也因此，丹麦的设计师们总是不遗余力地投身于设计那些能带来美好感受的家居产品和室内家具。在丹麦设计师眼里，生活，是一件值得用心的事，所以他们不把时尚流行放在前面，却把居家与生活的设计摆在第一位。这些简约、纯粹的设计所体现的就是一种丹麦式的生活方式，这种都市于大自然咫尺相近的生活形态带来一种与其他大都会截然不同的生活方式，它源自几百年来丹麦质朴平实的农业社会生活习惯。受这种生活方式的影响，丹麦的设计师们也形成了他们的行为指南："不要制作人们既不需要又不实用的东西，但如果它既实用又必需，那就毫不犹豫地把它做得美丽吧！"(Don't make something unless it is both necessary and useful, but if it is both necessary and useful, don't hesitate to make it beautiful.) 所以，丹麦的经典家居产品才能经受住岁月的流逝，至今仍绽放光彩。

性格沉稳内敛的丹麦人从来就不喜欢追逐时髦，然而这并不代表他们缺乏对潮流的敏锐度。新一代年轻设计师在尊重经典的同时，力图创造新的经典。其中的代表就是号称"得奖专业户"的丹麦EVA SOLO家居品牌。EVA SOLO是丹麦一家具有90年历史的老牌厨房用品公司EVA　DENMARK在1997年成立的一个新的子品牌。产品定位是针对比较年轻，想给生活增加一些色彩与乐趣的消费群体。EVA SOLO的产品带着低调的优雅，加上精美的包装设计，这几年在欧美迅速走红，成为家居精品店中不可或缺的重要一员。它的每一款产品，几乎都曾得过设计奖项，不论是RED DOT(红点)还是IF，都能看到EVA SOLO的产品身影。

帮助EVA SOLO一举成名的则是丹麦的超重量设计双人组——Tools Design。1993年起，Tools Design所设计的泡茶球、名片型开瓶器等一系列明星产品让Henrik Holbaek和Claus Jensen两个人红遍了全球。1996年秋天，EVA DENMARK的诚意打动了他们两人，让他们决定选择EVA DENMARK当作安定的栖身地，成立了EVA SOLO这个专属于Tools Design的品牌。在EVA SOLO这个品牌中，Tools Design得到了充分的授权去创造任何他们想创造的家居用品。 1997年8月，两个人为EVA SOLO设计的第一件产品——硅胶隔热垫即为他们赢得了设计大奖。直到现在，Tools Design已为EVA SOLO开发出了近40余种设计独到、品质优良的产品，短短六年间更横扫国际，抱走无数个设计大奖 。

EVA SOLO从成立之初就从使用者的角度来切入设计，如同Henrik Holbaek为Tools Design所订的第一号规则：“我们所有的产品都应可以让使用者安心地放进洗碗机清洗而不致损坏，因为我们的设计都应是方便、简单且实用！当然啦，外观特别且讨喜也是很重要的！”所以才会有了被业界昵称为“Designer coffee”的“咖啡独奏”（Cafesolo）（图4–74）。Tools Design为这款产品已经构思了很长的时间，在丹麦，喝咖啡几乎是很多人每天的例行功课之一，但怎样才是最简便的冲泡方法呢？Tools Design认为回归到最初始的咖啡冲泡方法就是最佳的选择。“咖啡独奏”是一款对喝咖啡方式重新定义的作品，咖啡最适合的冲泡温度在94摄氏度，将咖啡粉放入防侧漏的水瓶中，再穿上特制的“隔热衣”，加入滚烫的热水冲泡，搅拌后盖上瓶盖3～4分钟，一壶纯正的黑咖啡就大功告成。当然，防侧漏水瓶还可以拿来装冰咖啡等冷饮，随你高兴使用。该设计从2003年法兰克福生活家居大展后，已经开始在欧洲地区大卖。

EVA SOLO的产品之所以可以横扫全球有个很重要的原因，那就是他们勇于尝试新的材质并慷慨接受来自北欧之外的生活灵感。Henrik Holbaek豪爽地说出了他们的设计哲学：“我们要做的是简单、漂亮且真正有用途的产品！”就好比EVA SOLO T–SHIRT茶壶（Teamaker）

图4–74

（图4–75），这个看似简单的茶壶获得过4项国际大奖，包括IF、IDEA、RED DOT……这个茶壶不但有着标志性的EVA SOLO曲线，还有丰富的内涵。你可以用两种方式来泡茶：你既可以把茶叶随意倒在壶中，然后倒出的时候由滤网隔离；或者将茶叶放在过滤器中，泡制足够长的时间，再饮用。它的顶端配有自动滑盖，当茶香四溢，你开始倒的时候，它会自动开口，并且特别设计防漏瓶口保证茶水一滴不漏。最后，它还附赠了保温套，为这个曲线丰满的尤物增添一分情趣。

图4–75

而集审美性与功能性于一身的，还有冰块拍档（Ice Cube Cooler）（图4–76），不锈钢质地，硅树脂盖子，巧妙的设计不仅实用，也能起到超值的视觉欣赏功能。先将橡胶的制冰盘装水放入冰库，之后将制成的冰块倒入金属器皿中，将制冰盘翻过来便成了隔热盖，待客时一定让宾客啧啧称奇，同时还设计有一个精美的冰块夹。这个优雅而方便的产品也曾登上过许多设计奖项的颁奖台。

而2007年的EVA SOLO新品则是一个开心笑着的玻璃容器，微笑两用干果盛具（Smiley Bowl）（图4–77）。Henrik Holbaek和Claus Jensen设计的这个装干果的盛具，下面的仓里盛放完好的果子，上面当然也可以盛放完好的果子，这不奇怪。更方便的用法是，下面放果子，上面用来放果壳，这样一来就不用很不雅地抱着纸篓吃瓜子或者剥栗子了。艳丽的色彩配上漂亮的造型，这样的果盘自然就是茶几的最佳搭档。

网址：http：//www.evasolo.dk

（图4–78～图4–83）

图4–76

图4–77

图4–78 花瓣调理组合（Set of Spoons & Spatula）

将五种常用的食物调理器具呈现如含苞的美丽花朵，每一片花瓣都有各自的用途，大汤勺、沥水勺、锅铲、搅拌勺构成花朵，中间的花苞则是打蛋器，煮菜也可以变成一件很有品味的事。

图4–79 榨汁器和水壶（Citrus Squeezer with Glass Jug）

也获得过大奖的榨汁器和水壶组合，不仅外形简单利落，连功能都毫不含糊，不锈钢榨汁器和水壶方便榨取果汁，底下的玻璃壶刚好可以当果汁壶，分开还是组合，当然可以自由搭配。

图 4-80 牛奶和糖套件(Milk &Sugar Set)

方便的糖罐外形优美流畅，还附带了一个实用的茶勺匙，它可以在将容器倒置时，自动送上满满一茶匙的糖。而当使用完毕后，防漏牛奶罐可以用橡胶塞子盖紧。

图 4-82 保温瓶(Vacuum Jug and Flask)

如雕塑般的保温瓶可以用来保存冷热饮品。它从内到外都是由不锈钢制成，因此很难损坏。而它内置的防漏喷管也可以确保瓶中的液体一滴也不会损失。

图 4-81 翡冷翠花瓶(Florentine Vase)

翡冷翠位于富庶而优美的意大利托斯卡那区，曾是文艺复兴时期的重镇。以之命名的花瓶，仿佛以丝绸绫罗包覆，而产生层次折光，简洁的瓶身线条犹如郁金香，往上渐宽的瓶口，能让花叶沿瓶口铺展，而中段内缩，则是使用者换水时的施力点。

图 4-83 刀架 (Knife Stands)

来自EVA SOLO 的这个刀架可不是仅仅放刀那么简单。它的外壳是铝制的，一个塑料可折叠插口可以存放随时使用的刀具以及其他的工具，而这个插口还可以很容易地拆下来清洗。

链接：

1．著名家居产品设计师亨宁·科佩尔(Henning Koppel)

生于1918年的亨宁·科佩尔是丹麦著名的银器设计师。1935～1936年，他在哥本哈根跟随比齐·霍耶学习绘画，1936～1937年跟随安高·霍夫曼在丹麦皇家艺术学院学习雕塑，随后在巴黎的RANSON学院培训了一年。“二战”期间科佩尔在斯德哥尔摩为奥瑞弗斯玻璃厂和SVENSKT TENN做设计，并开始设计金银首饰。后来，科佩尔回到了丹麦开始了和乔治·杰生银器工厂的长期合作。

他的那些优美的雕塑般的银器设计，得到了国际声誉。尽管科佩尔所追随的是丹麦闻名的手工艺传统，但他的设计展现了一种从根本上来说具有强烈现代意识的有机的国际设计语言。他开创的设计路线具有强烈的个人风格，既不同于乔治·杰生银器工厂早期对自然形式的直接应用，也不同于20世纪30年代乔治·杰生银器严谨的几何化形式。科佩尔的设计改变了丹麦银器设计的面貌，他进一步发展了由约翰·罗泽开启的线条清晰圆润的乔治·杰生银器工厂的产品线路。1951年、1954年和1957年，科佩尔连续三年获得“米兰三年展”金奖，1953年获“卢宁奖”，1963年获美国室内设计师协会设计奖。（图4–84～图4–86）

图4–84　平底鱼盘

长长的平底鱼盘，中间宽广的鱼肚与两边上翘的鱼唇一起，几乎构成了这件惊人之作的全部装饰元素。这只彻底简化、高度抽象化的盘子的出众特色就在于捕捉到了鱼的独有特征，使这只盘子看上去就像盛了一只鱼。

图4–85　怀孕的鸭子系列水壶

怀孕的鸭子是美的，大大的把手想要体验外面的世界，壶身最大化的拱出来，犹如怀着一个新的生命，而壶颈则极端窄小。完全背叛传统的形态，带来了耳目一新的视觉冲击。

图4–86　怀孕的鸭子系列水壶

动物是亨宁·科佩尔的设计源泉，这些动物造型柔和、抽象而美丽，就如同鸭子系列水壶，流畅的曲线与亨宁·科佩尔设计的有机质地相得益彰。

2. 家居设计师的秀场——伦敦100%Design

1994年开始的伦敦100%Design展览虽然只有13年的历史，却是英国最有影响力、最前卫的当代家居设计展览活动。现在，100%Design已成为全球一流家居产品设计展之一。这个展览关注于建筑和设计领域的那些创新设计、当代家居产品设计以及富有创造力的新兴设计人才。1994年，英国策展人Ian Rudge和Rachel Robin在伦敦共同出资创办了100%Design，此后这个设计展每年都在伦敦伯爵府(Earls Court)定期举行。他们的初衷就是挖掘英国家居设计界的新生力量，让那些小设计师和生产商有机会崭露头角。100% Design鼓励产品创新，展示最新设计，倡导时尚消费理念，使当代设计成为主流艺术。每每展出的最新家居产品、灯饰、配件、墙纸、地板、家用布艺纺织用品及厨房卫浴用品都成为世界时尚人士追捧的对象。100%Design London自1995年开始，参展商数量已翻了三倍多，观众数量也随之剧增。事实上，这是英国唯一为专业建筑师、室内设计师、工业设计师和零售商量身定做的展览会，吸引了来自全球设计行业领军企业的35000多名观众。1995年举办第一届展览时，英国还没有与之类似的设计展览。2003年9月，在Ian Rudge的大力倡导之下，英国设计界的三大盛事100%Design London、Designers block以及Open House(建筑展)第一次联合在一起，成为首届“伦敦设计节”。从此，每年9月的伦敦设计节变成了英国工业设计的徽章，而100%Design London正是里面最耀眼的宝石。

100%Design一直致力于推荐新进设计师，但100%Design并不是新人设计大赛。虽然100% Design的主角永远是设计师，但只有经过专业评审委员会严格筛选的设计师才能获得参展资格，这在商业性展览中是绝无仅有的。在100%Design的创始人Rudge和Robin看来，只有提供一个主流的商业化平台，才能让籍籍无名的设计师、独立设计品牌与世界顶尖的品牌、著名设计师们站在同一个赛场上交流切磋。

为了扩大展览范围，并让参观者、厂商与设计师有更多的沟通，100%Design又派生出好几个子展览：100%Light(灯具设计展)、100%Materials(新材料设计展)和100% Detail(创新产品展)，它们都与100%Design同时同地举行。新人设计师和他们的新点子始终是100%Design上的最大看点，参观者和展商都是为此而来。在2007年9月的伦敦设计节上，100%Design又增设一个完全面向年轻设计师的新展览100%Futures（未来展），专为年轻设计师提供与制造商、材料商、零售商、发行商建立商业联系、组建商业链条的活动。展区由新任创意总监Tom Dixon设计。不论是已在设计界崭露头角，还是刚完成一件设计原型作品的年轻人都可以报名参加，也是最让那些年轻设计师们激动不已的原因所在。

100%Design在伦敦和东京的成功举办已吸引了数万名观众，为了继续延续其世界顶级建筑设计展的美誉，2007年100%Design选择中国上海作为第三个举办城市，正式展览将会在2008年举行，到时一定会带给建筑和设计行业创新的理念、全新的设计和最新的灵感。100%Design Shanghai、100%Design London及100%Design Tokyo一起成为100%集团里的一员。(图4—87～图4—94)

图4—87 站立的伞（Stand Umbrella）

当一把伞被使用，它的生命就被点亮了。然而，在伞一生中，它却花了如此多的时间站立在一旁，什么也不做。雨天里，当我们要购物时，当我们要运送某些东西时，当我们要用手机时，或是当我们要在某家书店站着浏览时，我们却不得不拿着一把湿漉漉的伞，这真是让人厌烦的事。你是否想过要立刻改变呢？伞在过去让我们难以放下，只是因为我们没有Stand Umbrella这样优秀的设计。

图4-88 亚特兰蒂斯（Atlantis Collection）

Atlantis（传说中沉没于大西洋的岛屿）系列壁纸，其特有的金属微光效果和专用于Atlantis的别致、艳丽的染料，使这一系列的壁纸在任何一个观赏者眼里都是极具魅力的。这些像积木一般搭建起来的基本元素来源于Natasha的灵感。Natasha在她的草图和摄影的基础上发展出了这些基本元素，并创造出了属于她自己的独特风格，那是深植于心的简单而有节制的奢华以及永恒的典雅。

图4-90 云中之日（Pokkari）

Pokkari是一盏如同白云中的太阳一般的吊灯。它由许多真正的羽毛制作而成。"Pokkari"一词在日语中意味着阳光中的云朵。不知何故，面对这个全新的产品，我却感到如此的熟悉。也许，是因为轻盈的羽毛和洁白的云朵都能在天空自由飞翔的缘故吧！

图4-89 冰树灯（ICE Chandelier ）

ICE的灵感源于过去那些树枝形的装饰灯所营造出的壮观而奢华的氛围。然而，这种简单而不对称的设计却给了这款吊灯独特的现代斯堪的纳维亚风情。ICE由许多透明的玻璃球沿簇状结构连接而成，玻璃的晶莹剔透与铝制连接件的金属光辉交相呼应，难怪它会成为公认的美丽灯具。

图4-91 樱花杯（SAKURASAKU glass）

在这个社会我们最渴望获得的是什么？也许只是"避免在桌子上留下水痕环的一种方式吧！"SAKURASAKU玻璃杯为这种令人讨厌的现象带来了绝对愉悦的解决办法。无意识的拿起和放下杯子的动作使美丽的樱花在桌面上纷纷开放。杯子的优美外形和美丽的樱花水痕似乎在悄悄地述说着SAKURASAKU杯子的秘密。

图4—92 月食灯(Cibola Pendant Light)

Cibola Pendant light由两块陶瓷片组成，每块陶瓷片都有圆形纹样装饰，灵感来自于洋葱的构成。白天，它的美丽如同纯白的雕塑，而在夜晚，它带来完全不同的感官冲击，这些半透明的陶瓷发光体能将表面的细节完美呈现。由于两片陶瓷片大小上的差别，使反射上去的灯光留下新月般的阴影效果，带来月食之美。

图4—93 城市构造（Urban Fabrication）

这是一种独特的墙面处理方式，它不是墙纸，也不是涂料。设计师使用纺织材料来创造了这种交互式的表面，它能承受住时间流逝带来的伤害，也能经受住变化的气候环境，也使其本身获得了变化多姿的色彩和样式。Urban Fabrication还能根据顾客的爱好进行定制。

图4—94 抚摸吧！（Touch it！）

独特质感的墙面材料——皮革，靠奇特的触感和艳丽的色彩带来关于墙面的新感受。Blackstock系列皮革磁性墙不仅能让具有温暖感的芳香围绕着你，还盛情地邀请你去抚摸它，特别是当你躺在依姆斯的经典躺椅上的时候。

3. 国外著名设计刊物

《ID》

美国出版，用大量彩图介绍工业设计的造型与结构设计。

《AXIS》

日本出版，6本/年，介绍日本工业产品设计、开发等方面的设想与成果。

《FORM》

德国出版，6本/年，介绍德国各种工业产品与艺术品造型设计及实例，图片较多。

《DESIGN REPORT》

德国出版，展现风格现代、意识超前的各类设计作品，涉及家居、室内、手表、汽车等。

《OTTAGONO》

意大利出版，4本/年，从建筑与室内到家具和灯具及各种工业品的设计来介绍意大利的设计艺术，意、英文对照出版。

《AZURE》

加拿大出版，内容包括家居产品设计、室内设计、工业设计，以及建筑和装饰艺术。

《DESIGN DK》

丹麦出版，6本/年，关于工业产品设计的一本专业杂志。

《BOX》

意大利出版，展示意大利对居住环境及家居产品的设计经典之作。

《DOMUS》

意大利出版，深入涉及建筑与室内以及家居产品设计的专题。

后记

与日益普及化的家居用品与家居陈设相比，我国家居产品设计艺术教育相对滞后，虽然有一些艺术院校开设相应的专业课程，但很大程度上是作为局部课题在进行探讨，而缺乏相关的教材，这成为制约家居产品设计教育的重要因素之一。

本书编写初衷是为艺术院校设计专业的学生提供一本较为系统的、轻松的教材。如果其他从事本专业的设计工作者或爱好者也能从中获益，我们将更感欣慰。经过半年多的撰写，本书终于脱稿完成，在编写过程中，得到四川美术学院设计艺术学院广大师生的支持和帮助，同时还得到四川师范大学和宗申川美工业设计研究所的鼎力支持，我们谨在此表示由衷的感谢。

由于时间和水平有限，书中不足之处恳请广大读者批评和指正。

段胜峰

2008年5月于重庆

主要参考文献：

杨霖编著．产品设计开发计划．北京：清华大学出版社，2005年第1版
张帆编著．产品开发与营销．上海：上海人民美术出版社，2004年第1版
林平编著．当创意工业改变世界．广州：南方日报出版社，2005年第1版
林桂岚著．设计，不安于室．台北：田园城市出版社，2005年第1版
殷紫编著．北欧新锐设计．重庆：重庆出版社，2005年第1版
[日]原研哉著．朱锷译．设计中的设计．济南：山东出版集团，2005年第1版
[美]唐纳德·A.诺曼著．梅琼译．设计心理学．北京：中信出版社，2003年第1版
欧阳应霁著．放大意大利．北京：三联书店出版，2004年12月第1版
王受之著．王受之讲述：产品的故事．北京：国青年出版社，2005年3月第1版
[英]朱迪恩卡梅尔·亚瑟编著．连冕译．菲利普·塔克．北京：中国轻工业出版社
YONG ASIAN DESIGNERS. Published and Distributed Worldwide by Ddaab Gmbh
1000 new designs and where to find them. Published in 2006 by Laurence King Publishing Ltd
YONG DESIGNERS AMERICAS. Published and Distributed Worldwide by Ddaab Gmbh
THE DREAM CATALOG. Distributed in the United States of America by Sterling Publishing CO.,Inc.
NINA CAMPBELL'S DECORATING NOTEBOOK. Published by Clarkson Potter/Publishers,New York, New York,Member of the Crown Publishing Group,a division of Random House,Inc.